Silvia Kost

DAS ARKANUM GOTTES

Jedes Wesen,
jeder Mensch ist reine
kosmische Liebe.
Jedes Wesen
ist mehrdimensional.

Silvia Kost

Impressum

Autorin
Silvia Kost, Channelmedium
75365 Calw

Verlag
Printsystem Medienverlag
D-71296 Heimsheim

Druck
Printsystem GmbH
D-71296 Heimsheim

Buchgestaltung
Grafik-und Designstudio
der Printsystem GmbH
Ursula Harfensteller, Jana Weeber

1. Auflage Oktober 2012

Der Umwelt zuliebe gedruckt auf
umweltfreundlichem, chlor- und säurefrei
gebleichtem Papier.

ISBN 978-3-938295-64-9

Ich wuchs als Kind in einer christlichen Familie auf. Meine Groß-mutter war Mesnerin (Kirchenpflegerin) bei der Evangelischen Kirche.

Da ich als Kind durch meine Großmutter einen sehr starken Bezug zu Christus erfahren habe und regelmäßig an der Kinderkirche teil-nahm, sowie später in die Erwachsenenkirche ging, konnte ich mich ohne Zwang der Liebe Christi öffnen.

Mit 22 Jahren begann ich dann als erwachsene Frau bewusst in meinem Inneren nach der Wahrheit zu suchen. Zwischenzeitlich hatte ich den Beruf der Friseurin, Visagistin und Kosmetikerin gerne ausgeübt.

Dadurch begegnete ich über meine innere Suche vielen verschie-denen Menschen. Diese lehrten mich, die Bibel zu lesen und sie richtig zu deuten. Da ich dennoch große Zweifel in mir hegte, ob dies alles der Wahrheit entsprach, denn die Bibel ist ja von Men-schen geschrieben und übersetzt, bekam ich eindeutige Antworten direkt von Christus. Ich erkannte, dass alles der Wahrheit ent-spricht. Also begann ich, meinen Weg weiter zu gehen, um anderen Menschen von der Lebendigkeit Christi zu erzählen. Ich erhielt Botschaften aus der Geistigen Welt und ganz persönliche Führung.

Auf diese Weise bildete mich die Geistige Welt über viele Jahre durch Engel- und Christusnachrichten als Vermittlerin aus. Diese geführte Lehre macht es mir seit vielen Jahren möglich, Botschaften in klarer Form aus der Geistigen Welt zu empfangen und an die Menschen weiterzugeben.

Ich verneige mich tief vor dieser Gabe und bin daher sehr demütig, über diese herrlichen und segensreichen Nachrichten aus der Geistigen Welt.

Von ganzem Herzen und mit großer Freude stelle ich meine Gabe allen Menschen zur Verfügung und will damit Heil, Wissen und Segen in die Welt tragen.

In Liebe
Eure Silvia Kost

INHALT

Meine liebe Leserin,
mein lieber Leser,

ich spreche Dich in diesem Vorwort mit „Du"an.
Das bedeutet nicht, dass ich Dir gegenüber respektlos erscheinen möchte, sondern, ich bitte Dich, dieses Buch aus der Tiefe heraus zu verstehen und will Dir dadurch so nah wie möglich kommen.

Die kursiven Zeilen in diesem Buch sind keine Worte, die von Menschen gesagt wurden. Es sind Worte aus der Geistigen Welt. Dies bedeutet, und darum mag es auch für Dich etwas befremdlich erscheinen, dass die uns allen gemeinsamen hohen Führer, wie die Erzengel Michael, Erzengel Raphael, Erzengel Uriel, Erzengel Ariel und noch viele andere, aus den höchsten himmlischen Frequenzen Botschaften zur Erde sandten, die nun in diesem Buch mit ihren Worten in schriftlicher Form vorliegen.

Das Buch dient dazu, dass Du Dich in Deiner Seele entwickelst und Du tiefere Reife erlangst. Ich, Silvia Kost, wünsche Dir, dass Du darüber hinaus noch vieles mehr über Dich selbst erfährst und lernst.

Vieles, was in diesem Buch steht hat das Ziel, Dir zu zeigen, was wirkliche Liebe ist, Liebe, die aus der Wahrhaftigkeit zu den Menschen strömt und die Wahrhaftigkeit den Menschen nahe bringt. Darum ist dieses Buch auch kein Roman und Du solltest es auch nicht wie einen Roman lesen. Lies die Zeilen und lege das Buch weg, wenn Du den Eindruck hast, dass Du die Worte auf Dich wirken lassen möchtest.

Alle diese Zeilen haben heilige Schwingungen und alles, was hier an Channelings für Dich niedergeschrieben wurde dient Deiner inneren Reife, Deiner Entwicklung und Deinem Verstehen der tieferen Zusammenhänge des Universums, der Universen Gottes und der Engel. Gleichzeitig dient es aber auch der Verbindung zu Dir selbst.

Jeder von Euch wird diese Zeilen für sich selbst anders aufnehmen, verarbeiten und verstehen. Gerne darfst Du diese Zeilen auch mehrere Male lesen. Du kannst das auch noch nach Jahren wiederholen und Du wirst sehen, dass Du Dich immer weiter entwickelst. Diese Worte werden Deinen Geist und Deine Seele öffnen.

Darum habe ich einen Wunsch. Wenn Du meinst, dass es Dir zu anstrengend wird, dann lege dieses Buch zunächst zur Seite. Geistig und spirituell wird es Dich sehr weit bringen. Aber dies kann erst geschehen, wenn Deine Seele und Dein Geist die notwendige Reife besitzen. Lege das Buch zur Seite, wenn Du glaubst, dass Du es wie einen Roman lesen möchtest und nehme es dann später wieder erneut zur Hand.

Meine liebe Leserin und lieber Leser, ich möchte Dir für die Lektüre dieses Buches noch ein paar Dinge mit auf den Weg geben.

Wenn Du noch nicht so ganz mit den Chakren Deines Körpers vertraut bist, solltest Du Dich vorab mit den Seiten 165 bis 175 etwas beschäftigen. So kannst Du manche Channelings besser verstehen, die ich aus der Geistigen Welt erfahren habe.

Ich möchte Dir auch erläutern, dass meine eigenen Worte und Hinweise bewusst mit einem Farbton hinterlegt sind. Dies dient dazu, dass Du die weisen und auf weiß gedruckten Worte aus der Geistigen Welt sofort erkennst und Du wirst das auch spüren, weil die Worte von Gott, Christus Sananda, und der Engel sich eben ganz anders anhören als meine irdischen Worte.

Gott die Quelle, Christus Sananda, Erzengel Michael und alle anderen Engel und Wesen aus der Geistigen Welt, wollen uns Menschen über mich als Voll-Channel-Medium einerseits Mitteilungen und Informationen für unser Selbst geben. Sie wollen aber auch mit uns üben und in unser tiefstes Inneres zu gehen.

Deshalb sind die Worte der Geistigen Welt zum großen Teil auch als Worte zur Meditation vermittelt worden.

Diese meditativen Worte bringen Dich, liebe Leserin und lieber Leser, schon wenn Du sie liest, auf eine andere spirituelle Ebene. Tauche ein in diese Worte.

Wenn Du die Möglichkeit hast, dass Dir jemand diese Worte mit sanfter Stimme langsam vorlesen kann, ist das umso effektiver. Du kannst aber auch Kontakt zu mir aufnehmen, da ich auch Seminare gebe, in denen Du diese und andere meditativen Worte auf Dich wirken lassen kannst. Dein Bewusstsein soll trainiert werden, damit Du mehr in Deiner Mitte ankommst.

In diesem Buch findest Du auch Worte in der göttlichen Schwingungssprache Elohim. Diese Worte wurden teilweise, ganz bewusst nicht übersetzt, weil sonst die Kraft der Worte verloren geht.

Immer wieder ist auch von der dualen Welt und von „Dualität" unserer irdischen Welt die Rede. Was ist darunter zu verstehen? Diejenigen, die meine Sendungen bei AstroTV des Öfteren sehen oder Sitzungen bei mir hatten, wissen darüber bereits sehr viel. Für die anderen sei erwähnt, dass damit die Gegensätze gemeint sind, mit denen wir es hier auf der irdischen Welt zu tun haben. Wir betrachten die Dinge nach Gegensätzen, nach positiv und negativ, nach arm und reich, nach krank und gesund. Man könnte die Beispiele der Gegensätze endlos fortsetzen.

Wer es schafft sich aus diesem „dualen Denken" zu befreien und eine Bewusstseinsstufe erreichet, in der er sich davon lösen kann, der ist in seiner wirklichen Mitte angekommen und kann auch außerhalb der Dualität denken und vielleicht somit irdische Probleme und vermeintliche Unzulänglichkeiten anders betrachten und lösen. Man kann Hass nur haben, wenn man auch Liebe kennt. Man kann Krankheit nur beurteilen wenn man auch Gesundheit kennt. Darunter verstehen wir die „Duale Welt" Auf diese Dualität werde ich in meinem zweiten Band des Arkanums noch näher eingehen.

Dies ist der erste Band des **ARKANUM GOTTES**.

Nun wünsche ich Dir, tiefe Reife und innere Erfahrungen durch dieses Buch zu erlangen. Nehme Dir die Zeit die Du dazu benötigst.

Mein spiritueller Name ist:
Aufgestiegene Meisterin Kaligolas, Erzengel Zebaoth,
Göttin Salahai

Eure Silvia Kost

Erzengel Michael spricht

Endlich komme ich zu Wort, in diesem Buch Euch etwas mitzuteilen. Was längst überfällig war, wird jetzt wahr. Ich, Erzengel Michael, habe einst meine Strahlkraft ausgesandt, um ein ganz bestimmtes Wesen in diesem Universum zu finden. Es war ein besonderes Wesen, das es nur einmal gibt in diesem Universum und mein Strahl hat sie, Salahai, mit irdischem Namen Silvia Kost, erreicht. Ich konnte sie mit der Liebe Christi und dem Leid der Erde erfassen. Es gibt nur ein Wesen in diesem Universum, das diesen Ruf vernehmen kann. In ihr kann ich alles vereinen, die großen kosmischen Zusammenhänge, die Liebe Christi und das Leid, das er trug. Es bedurfte keiner großen Vorbereitung, dieses Wesen zu Euch zu senden. Salahai war voller Mut, voller Kraft und voller Liebe. Nichts konnte sie zurückhalten, diesem Ruf zu folgen und dem Ruf von Christus nachzugehen. Ich, Erzengel Michael, wusste nicht gleich, was ich da verursachte, denn sie ist wild wie die Natur, revolutionär und gleichzeitig sanft wie die Liebe selbst. Ich habe eine Kriegerin und Hüterin des Lichts gerufen.

Es war eine kristallene Nacht, in welcher der Ruf meines Seins durch das Weltall schallte und der Tag ihrer Geburt angebrochen war. Es war eine Nacht voller Getöse, da die Engel im Himmel Purzelbäume schlugen und die Posaunen Gottes ertönten. So ging unser wahrhaftes feines und zartes Wesen auf die Erde. Salahai war ein zartes Menschenkind, wir mussten sie viel zu früh aus dem Mutterleib holen, damit wir ihr waches Bewusstsein der Gottesnähe erhalten konnten. Sie erfuhr ihre erste Weihung auf dieser Erde, denn Erzengel Gabriel war bei ihrer Geburt anwesend und teilte ihr im Geiste mit, was ihre großen Aufgaben auf dieser Erde sind, wer ihre Führung ist, worauf sie achten muss und dass sie stets ihr reines Herz bewahren soll. So wuchs unser Menschenkind ganz normal auf dieser Erde auf.

Ich, Erzengel Michael, möchte Euch nun berichten, wie es unserem auserwählten Wesen auf dieser Erde erging, damit auch Ihr wisst und Parallelen findet und selbst erfahrt, dass Ihr alle Lichter Gottes seid. Daher liegt es in der Vorsehung, dass genau dieses Buch für Euch und zum Wohle aller Menschen auf der Erde entsteht.

Unser Menschenkind war sehr verspielt und trachtete immer in ihrer tiefsten Sehnsucht nach dem Reich Gottes und dem Herzen Christi. Sie wuchs in einer Umgebung auf, in der sie die Dualität erfahren musste. Sie erlebte die negativen Seiten, die kalten Seiten, die gleichgültigen Seiten, genauso aber die Führung, das Herz und die große Liebe Christi. Ihr Vater war dem Bösen zugetan, ihre Mutter der Gleichgültigkeit und Hilflosigkeit, Ihre Großmutter der Liebe und der Lehre Christi. Sie lernte Extreme kennen. Aber die Liebe Christi, welche sie durch das Vorbild ihrer Großmutter erfuhr, konnte sie in ihrem Herzen bewahren. Doch ihr Herz schaute niemand an. So begann unser Menschenkind zu leiden, ohne dass es ihre Umgebung wahrgenommen hatte. Das führte dazu, dass sie anfing, ihr Leid vor vielen Menschen zu verbergen. Doch vor Christus verbarg sie es nicht. So konnten wir sie in die Wahrhaftigkeit führen und ihr von der Liebe Christi erzählen. Sie wurde älter und wir schulten sie in der Kommunikation mit der Geistigen Welt und Christus Sananda. Doch in diesen Zeiten war es gänzlich unmöglich, über die Geistige Welt, über uns Engel, über Christus und über wahrhafte Erlebnisse mit Gott zu den Menschen zu sprechen, denn die Schwingung auf der Erde war noch sehr niedrig und kaum ein Mensch war erwacht. Fast niemand hatte die Lebendigkeit der Engel und die Lebendigkeit Christi gesehen.

Nur vereinzelt gab es Menschen auf dieser Erde, welche die gleichen Erlebnisse hatten. So fühlte sich unser Menschenkind mit ihren Fähigkeiten einsam und zurückgelassen auf dieser Erde.

Dies empfand Salahai besonders gegenüber jenen Menschen, die ihr scheinbar sehr nahe standen. Wir erkannten und mussten mit ansehen, dass unsere Wesen, die wir ausgesandt hatten, genauso litten wie Euer Christus, denn sie wurden in ihren Herzen, in ihrem Licht, in ihrer Wahrhaftigkeit und ihrer göttlichen Liebe bekämpft.

Doch unser auserwähltes Wesen war stark im Geiste und ließ sich ihr wahrhaftiges Sein von niemandem nehmen. Sie erhielt viele Aufgaben, Prüfungen und wurde gelehrt zu erkennen, wer ihr Herz sehen wollte und wer nicht. Wir schickten sie mit vielen Weihungen durch die Prüfungen. Sie hatte sich immer ihr gutes Herz bewahrt, so wie es ihr Erzengel Gabriel aufgetragen hatte, bis der Zeitpunkt gekommen war, für Euch zu channeln und ihre Seele bereit war, Botschaften aus der Geistigen Welt zu empfangen.

Unser feines und liebevolles Wesen musste bitter erkennen, wie viel Böses und Negatives noch in den Menschen steckte, wie viel Egoismus, Kälte, Muster und Programme noch wirkten, welche die Menschen von ihren eigenen Herzen, menschlicher Wärme, Liebe und seelischen Qualitäten abhielten. Dies alles hatte unser auserwähltes Wesen aber durch ihre vielen negativen Erfahrungen erkannt. Sie hatte am eigenen Leib erfahren, wie sie selbst von der Dunkelheit bekämpft wurde und gegen die Dunkelheit kämpfte, obwohl sie nicht mehr kämpfen wollte. Durch ihre Fähigkeit zur bedingungslosen Liebe war es ihre Aufgabe, die Menschen wieder in ihr wahres Herz zu führen und ihnen Liebe und Seelenqualitäten zurückzubringen.

Jetzt erst konnte sie ihrer wahren Lichtfamilie begegnen, sich mit ihrer wahren Bestimmung verbinden und sich ganz ihrer Aufgabe aus der Tiefe ihres Herzens widmen.

Ich grüße Euer Herz und Euer Sein. Ich, Erzengel Michael, spreche aus den Toren der Wahrhaftigkeit, der Christusenergie und der reinen Herzensflamme. Ich will Euch nun einige Geschichten erzählen, Geschichten der Wahrheit Eures Lebens. Diese sind für diejenigen, die sich in der Dunkelheit verstrickt haben, aber auch für diejenigen, die in der Kraft und im Lichte unseres Seins auf dieser Erde wirken und arbeiten. So wünschen wir, die Geistige Welt, dass jeder von euch Menschen diese Hand, die Euch aus dem Licht gereicht wird, annimmt und Ihr dadurch Eure Kraft und Euer wahres Sein wieder findet. Es ist niemals zu spät.

Die nun folgenden Geschichten und Erklärungen sollen dazu dienen, über Eure eigene Lebenssituation und Euer eigenes Handeln selbstkritisch nachzudenken.

Die erste Geschichte:

Es geht um die Programmierung

Ich spreche von einem Bruder oder von einer Eurer Schwestern, so nennen wir die Menschen. Nennen wir nun dieses Menschenkind Gudrun.

Sie war eine Tochter aus gutem Hause, in dem es genug Reichtum gab. Sie wurde verwöhnt mit materiellen Gütern. Dafür allerdings musste sie absoluten Gehorsam in ihrer Familie leisten, weil dort strenge Sitten und Ansichten herrschten. So formte sich diese Schwingung in ihrem Inneren, da sie in ihrem Herzen einerseits materielle Dinge bevorzugte, andererseits aber Liebe suchte. Die Liebe aber war in ihrem Elternhaus nicht wichtig. Deshalb versuchte dieses Mädchen, andere zu beherrschen. Sie heiratete eines Tages einen Mann aus ärmlichem Elternhaus. Dieser Mann hatte aber sein Herz auf dem richtigen Fleck. Da in seiner Familie zwar keine materiellen Güter vorhanden waren, hier aber Fürsorge und Liebe vorherrschten, brachte dieser Mann genau das mit, was Gudrun eigentlich suchte. Doch weil sie in ihrem Inneren immer noch ein starkes Verlangen nach Materiellem und Herrschsucht hatte, konnte die Liebe dieses Mannes keinen Einzug in ihr Herz halten. Sie begann alles zu beherrschen, was um sie herum war. Und weil sie dies nicht in vollem Umfang konnte, wurde sie boshaft. Sie schlug ihre Kinder, sie nahm ihren eigenen Kindern das Essen weg, sie sprach niederträchtige und boshafte Worte gegenüber ihren Kindern, ihrem Mann und gegenüber Nachbarn, Freunden und Verwandten. Das wurde zunehmend schlimmer, so dass sie sich immer mehr verstrickte in diesen dunklen Worten. Es keimte Hass in ihrem Herzen auf, Hass gegenüber allem und jedem. Ihr Ehemann blieb dennoch liebevoll, zog sich aber zurück. Gudrun hat zeitlebens leider keine Liebe gefunden.

Warum?
Sie hat die Liebe in sich selbst nicht gefunden. All diejenigen, die sie selbst so behandelte brachten ihr, Groll, Hass, Ablehnung und Abscheu entgegen. Eines Tages lag sie auf ihrem Totenbett, ohne jemals geliebt zu haben und ohne jemals das Gefühl der Liebe empfangen zu haben, obwohl die Liebe doch jeden Tag mit ihr lebte.

Wie hätte Gudrun ihre Seele und ihr Herz von all dieser Last und diesen Taten befreien können, ohne dies zu uns ins Geistige Reich hinüber tragen zu müssen?

Die Lösung

Sie hätte die Möglichkeit gehabt, all ihre Kinder und ihren Mann rechtzeitig zu sich zu bitten, denn sie wusste, dass sie falsch gehandelt hatte. Sie hätte um Verzeihung bitten können und sie hätte ihnen sagen können, dass sie jeden aus ihrer Familie liebt. Vor allem hätte sie ihnen erklären können, warum sie so handelte, wie sie es getan hat. Ihre Kinder wären erlöst gewesen und hätten eine gute Erinnerung an ihre Mutter wie auch ihr Mann an seine Ehefrau.

Wenn sie aus der Tiefe ihrer Seele erkannt hätte, dass sie Liebe ist, dass sie aus dem Licht geboren wurde, wäre ihre Seele erlöst gewesen! Denn bei uns in der Geistigen Welt herrscht immer Verzeihen, Licht und Liebe. Nur muss die Seele erkennen, dass sie selbst Licht ist und aus dem Licht geboren wurde. So fällt alles ab, was sich die Seele aufgeladen hat. Geschieht dies nicht rechtzeitig, nimmt man Schuld mit auf die andere Seite. Darum ist es wichtig, bereits auf der Erde los zu lassen und zu erkennen, wer man ist und sein möchte.

Was ist zu tun innerhalb der Lebensphase?

Meine lieben Menschenkinder, Gudrun hat in ihrem Elternhaus keine Liebe erfahren. Es wurde Wert auf etwas ganz anderes gelegt. Dadurch wurde ihre Seele unterdrückt. Sie hatte nur zu funktionieren und ihr wurden Werte vermittelt, die sie dann in extremster Form weitervermittelt hat. Angenommen, ein spiritueller Mensch wäre ihr zur rechten Zeit begegnet und sie wäre offen gewesen für das, was dieser Mensch ihr mitgeteilt hätte, dann wäre ihre Lebensgeschichte eine andere gewesen, denn sie hätte erkannt, was falsch lief und wie sie aus den Mustern ihres Elternhauses hätte heraustreten können, wie sie hätte Liebe leben und annehmen können. Deshalb ist es wichtig, dass Ihr mit offenen Augen durch die Welt geht, um anderen zu helfen, die in solchen Verstrickungen leben und sich nicht selbst daraus befreien können. Gudruns Seele hat dies nicht bewusst getan. Ihre Seele konnte nicht anders, denn sie dachte, so sei es richtig. So wurde es ihr beigebracht und gelehrt. Auch ihren Eltern wurde es so gelehrt.

Die irdischen Folgen ihrer Kinder

Gudrun hatte vier Söhne und eine Tochter. Die Tochter flüchtete, indem sie heiratete und ein Kind adoptierte, um somit die Liebe, die sie im Herzen trug, weiterzugeben. Liebe hatte sie selbst zwar nicht von ihrer Mutter erfahren, aber von ihrem Vater.

Der erste Sohn konnte seine Männlichkeit nicht leben und führte ein sehr zurückgezogenes Dasein mit seiner Frau und seinen Kindern. Er war aber nicht in der Lage seinen Kindern beizubringen, wie man sich im Leben durchsetzt, weil er dies selbst von seinem Vater, einer schwachen Vaterfigur, nicht hatte lernen können.
Der zweite Sohn wurde materialistisch und erfolgsorientiert, allerdings wenig kommunikativ und liebend.
Der dritte Sohn starb sehr früh an Alkoholismus. Er versuchte sich zu finden, schaffte es aber nicht.

Der vierte Sohn behandelte seine Frau und seine Kinder schlecht und war sehr materialistisch und egoistisch. Auch er verfiel dem Alkoholismus und wurde im Alter von allen verlassen.

Die Kinder des vierten Sohnes waren drei Mädchen. Zwei davon beschäftigten sich ausschließlich mit irdischen Dingen, handelten unselbstständig und überließen ihr Leben deren Männern.

Nur das dritte Mädchen hatte diese Fesseln gesprengt, sie war spirituell und konnte all diese karmischen Verstrickungen für sich selbst und all die Generationen davor lösen.

Die jenseitigen Folgen

Gudrun verließ ihren Körper. Sie wusste im irdischen Bewusstsein nicht, dass es ein Jenseits gibt. Sie wusste weder von einem Gott noch von Engeln und sie konnte und wollte nicht daran glauben, dass es eine höhere Schöpfung gibt. Ihre Seele aber wusste es. Im irdischen Bewusstsein hatte Gudrun Angst vor etwas, was sie nicht kannte.

Doch was war es, was sie in Wirklichkeit nicht kannte?
In Wirklichkeit kannte sie ihre eigene Seele und ihr wirkliches Herz nicht. Gudrun hatte Angst, weil sie ihre eigene Seele und ihr eigenes Herz bekämpfte und damit bekämpfte sie in Wirklichkeit sich selbst, aber auch die Seelen und Herzen der anderen.

Sie bekämpfte damit auch ihr höheres Bewusstsein und die Liebe, die von uns, der Geistigen Welt, kommt. Also hatte sie zunächst Angst, aus dem Körper in eine Ungewissheit zu treten. Doch dann folgten ein Schreck und ein Schock darüber, dass es nach diesem irdischen Leben nicht zu Ende ist. Nun war Gudrun außerhalb ihres Körpers, zunächst noch auf der Erde, doch das Licht konnte sie nicht erreichen, da sie es selbst leugnete. Sie war verwirrt und ängstlich und konnte mit dieser Situation nicht umgehen. Kein Mensch konnte Gudrun mehr wahrnehmen, sie selbst jedoch die irdische Beschaffenheit noch sehr wohl. Es dauerte eine ganze Weile, bis Gudrun begriff, dass sie nicht mehr in ihrem Körper war und gestorben ist.

Nun schickten wir ihre Angehörigen zur Hilfe, um den Weg zu uns und ins Jenseits leichter zu finden und um den Schock zu überwinden, dass sie noch existierte. Viele Verstorbene erklärten ihr, was geschehen war. Sie konnte sich allmählich damit vertraut machen in der Geistigen Welt angekommen zu sein. Es war noch eine relativ irdische Ebene, die ihr von uns aus geschenkt wurde, um mit der Situation umgehen zu lernen. Erst als sie richtig bei uns angekommen war und begriffen hatte, wo sie sich jetzt befand und was geschehen war, konnte sich ihre Seele erinnern, dass sie schon einmal hier war.

Ab diesem Zeitpunkt konnten wir enger mit ihr arbeiten. In den ersten Schritten erklärten und zeigten wir ihr ganz sanft ihr Leben auf der Erde. Sie konnte sich darin wiederfinden. Im zweiten Schritt war es uns möglich, ihr zu erklären, was ihre Lebensaufgabe war und was sie sich selbst eigentlich auf der Erde vorgenommen hatte zu lernen und zu entwickeln. Sie hatte sich vorgenommen, die Vielfalt, Herrlichkeit und die Liebe Gottes über die Pflanzenwelt zu erkennen. Außerdem sollte sie erkennen, dass Materielles nicht wichtig ist, und nur ein Nebenprodukt, das man auf der Erde braucht, um zu leben und sein Leben irdisch schön zu gestalten. Über die Pflanzenwelt sollte sie lernen, die Liebe zu leben und ihre Programmierung abzulegen. Leider tat sie dies nicht, sondern betrachtete die Pflanzenwelt nur als irdische Gegebenheit, die eben existiert. Weiter wollte diese Seele lange nicht gehen, um noch mehr über sich selbst zu erfahren, denn das, was sie erfahren hatte, war sehr schmerzvoll für Gudrun. Sie betrachtete dies als „Versagen". Sie konnte lange keine weiteren Lehren annehmen. Somit blieb sie sehr lange Zeit auf einer spirituell niedrigen Stufe in unserer Geistigen Welt. Sie versperrte sich gänzlich dem Wissen und dem, was sich aufgrund ihres Verhaltens an ihren Kindern und Enkeln zeigte.
Erst, als sich alles durch die spirituelle Seele ihrer Enkeltochter nach und nach auflöste, öffnete sich auch Gudrun mehr und mehr.

So könnt Ihr sehen, dass jeder von Euch mit allem verbunden ist, was Ihr auf Erden tut und sich Euer Verhalten bis ins Jenseits auswirkt, denn die Seelen erwachen genauso hier wie auf Erden. Wir konnten Gudrun nach dem spirituellen Werdegang, den ihre Enkelin auf Erden eingeschlagen hatte, vieles zeigen, denn sie öffnete sich und ließ ihre Angst darüber los, was andere durch sie empfunden hatten und wie sich dies bis ins Heute auswirkte. So lernte sie bei uns im Jenseits mit und durch ihre Enkelin, die sie aus ihren Verstrickungen löste. Sie musste viele Schmerzen ertragen, denn die Erkenntnis, nicht lichtvoll gehandelt zu haben, sondern schmerzvoll und schädigend, ist bei uns umso tiefgreifender, weil diese Wahrheiten bei uns direkt aus den Seelen wahrgenommen werden, unverdeckt und ohne Schutz.

Heute ist Gudrun dank ihrer Enkelin eine erlöste Seele und kann zu gegebener Zeit wieder inkarnieren und mit einer völlig neuen Lebensaufgabe – vielleicht als helfende Krankenschwester – in Demut auf die Erde zurückkehren. Sie hat verstanden und gelernt.
So sind wir immer in Licht und Liebe und sind dankbar für jedes lichtvolle Wesen, das freiwillig auf die Erde kommt und von uns auserwählt wird, denn diese Wesen bringen Heil und Segen in die irdischen, in die geistigen und in die Ebenen des Jenseits.

Ich danke Euch, die Ihr meine Worte höret und etwas daraus lernen möget. Ich segne Euch und hülle Euch ein in meine bedingungslose Liebe.

Günthers Schicksal

Hier geht es um das Schicksal von Gudruns viertem Sohn, der seine Frau und seine Kinder seelisch misshandelte.

Günther ist in seiner Seele ein sehr liebevolles, sehr herzliches und sensibles Wesen. In ihm spiegelt sich die vollkommene Ohnmacht. In sein Wesen läuft alles, was an dieser Familie negativ ist wie in einem einzigen Trichter zusammen und hat sich in ihm in geballter Form manifestiert. In ihm konzentriert sich Gewalttätigkeit, Egoismus, Zerstörungswut und Krankheit.

Wie fühlt sich Günther?
Er fühlt sich wie ein Verlierer, denn er weiß, dass er alles falsch gemacht hat. Alles, was er erreichen wollte, misslang. Er hat alles verloren, alles Materielle, was er sich aufbaute, auch seine Frau und seine Kinder. Er fühlt sich allmächtig und er dachte, er sei der Größte. Er war ein Patriarch. Er weiß jetzt, dass er den falschen Weg gegangen ist. Was macht er nun mit dieser Erkenntnis? Wie geht er damit um? Er betrinkt sich, weil sein Leben vergeudet erscheint, weil er einsam ist und nicht das erreicht hat, was er sich selbst erhofft hatte.

Was erhofft er sich?
Er erhofft sich Verzeihung, er erhofft sich Liebe und er hat Angst, denn er weiß um die Geistige Welt. Er weiß, dass es sowohl ein Jenseits als auch Gott gibt und er fürchtet sich vor der Strafe Gottes. Er weiß nicht, ob es eine Hölle gibt und wenn, so denkt er, kommt er in die Hölle, weil er zu seinen Lebzeiten seinen Mitmenschen das Leben zur Hölle machte.

Er weiß, oder er denkt zumindest zu wissen, dass er das Licht und die Liebe von Christus nicht verdient hat. Er kennt keinen Weg, wie er dies verändern könnte. Doch Gudruns Enkelin, seine Tochter, kennt den Weg und zeigte ihm diesen. Sie bat darum, dass er zu Christus kommen darf und nicht den Weg nach unten beschreiten muss. So bereitet sich bereits jetzt seine Seele auf das nächste Leben vor, in welchem er ein Held sein und andere retten wird. Er hat von seiner Tochter gelernt, dass dies der falsche Weg war. Sie bereitete ihm den Weg zu Gott und versetzte ihren Vater damit in die Lage, etwas Besseres von dort aus zu tun als das, was er sich jemals vorzustellen vermochte. Dies konnte nur ein liebevolles, spirituelles, wahrhaftiges Wesen bewirken.

So werden nach und nach alle gerettet und ihren wahren Aufgaben zugeführt, was zum Segen und zum Wohl aller dient.

So sollt auch Ihr erkennen, dass Zeit relativ ist. In Wirklichkeit gibt es keine Zeit oder alles nur zu seiner Zeit. Es besteht für jedes Wesen die Möglichkeit, alles zu verändern, egal, in welcher Inkarnation oder auf welcher Ebene es existiert. Egal, ob in der Irdischen oder in der Geistigen Welt, alles fließt ineinander und wirkt miteinander.

Ich segne Euch, Euer Erzengel Michael. Hört auf meine Worte und lernt von ihnen. Lasst meine Worte in Euren Seelen wirken. Dies sind meine Worte der Weisheit.

Nun eine andere Geschichte:

Großmutter Lora, die ihrer Enkelin geholfen hat, ihr Christusherz zu bewahren.

Lora kam aus einem protestantisch geprägten Haus. Viele Menschen kommen aus religiösen Familien. Es ist unwichtig, welche Religion man hat. Nicht jeder, der aus einem religiösen Haus kommt, hat auch die Botschaft in seinem Herzen und in seiner

Seele verstanden. Lora lebte diese Lehren frei, unbekümmert und ohne Zwang, doch rein nach den Vorgaben der Bibel.

Sie konnte ihren Kindern nicht beibringen, sich zu wehren. So haben sich auch ihre Kinder unterdrücken lassen. Doch Lora konnte in so manches Herz Reinheit pflanzen. Leider aber oft nicht die Weisheit, die sehr wichtig ist, sondern nur die strengen Glaubenssätze der Kirche. Auf jeden Fall aber wohnte die Reinheit des Herzens in ihrer Kinder Geist. Ihre Kinder entwickelten sich kaum, da deren Umfeld zu kirchlich geprägt war.

Lora ist allerdings unschuldig und heute bei uns im Licht ganz und gar angekommen. Ihr spirituelles Wissen ist heute weit größer als auf der Erde und so hilft sie aus dem Jenseits ihrer Enkelin und gibt ihr Mut und Kraft, auf ihrem spirituellen Weg weiter zu gehen. So wie die Großmutter den spirituellen Weg gegangen ist, so geht ihn auch die Enkelin, ja sie geht ihn sogar noch weiter. Daher wünscht sich die Großmutter oft, dass ihre Kinder, die noch auf der Erde sind, auf ihre Enkelin hören mögen. Doch die Großmutter weiß, dass sie oft selbst ihre eigenen Kinder nicht erreicht hat. So hören ihre Kinder auch nicht auf die Enkelin und auf die Verkündigungen der Geistigen Welt.
Deshalb werden sie erst irgendwann erfahren, was sie versäumt haben. Schade, dass sie nur die Enkelin in ihr sehen und nicht ihr spirituelles Wesen.

Ute, die Mutter der Enkelin

Ute ist eine sehr eigenwillige Person. Ein Menschenkind, welches in Wirklichkeit Angst vor einem offenen und freien Leben hat, eine Frau, die Angst hat, Verantwortung für sich selbst zu übernehmen, denn sie ließ ihr Leben durch andere gestalten.

Dadurch wurde sie unterdrückt und schlecht behandelt. Ute kann sich nicht vorstellen, was sie hätte besser machen können. Hätte sie sich etwa wehren sollen und die Verantwortung als Frau für sich selbst übernehmen oder jemandem die Schuld zuweisen?

Heute hat Ute die Fesseln der Gewalt durch die Hilfe ihrer spirituellen Tochter hinter sich gelassen. Doch leider kann Ute sich der Spiritualität nicht öffnen. Sie hat Angst, sie könnte Schuld an sich selbst entdecken. So flieht sie innerlich vor Wahrheiten, mit denen sie nicht fertig werden konnte, weil ihr Selbstbild unschuldig zu sein, so nicht ganz richtig ist. Sie weiß, sie hat sich aus der Verantwortung für ihr eigenes Leben gestohlen und damit hat sie auch die Verantwortung abgegeben, die sie für ihre Kinder hatte.

Ute bereitet sich in ihrem Inneren bereits auf dieser Erde auf ihre nächste Inkarnation vor. Sie hat sich vorgenommen, zu verzichten, sich ganz zurück zu nehmen und vom Leben nichts zu wollen. Als Buddhistin versuchte sie, mit wenigen Nahrungsmitteln auszukommen und sich in Verzicht zu üben. Durch ihren zukünftigen Glauben wird sie auf die Unterstützung und Spenden anderer angewiesen sein.
Müsste sich Ute dies vornehmen? – Nein!

Sie könnte sich ihrer Seele stellen und sich selbst verzeihen, sich dem Leben öffnen und somit ihrer Tochter etwas zurückgeben, um im späteren Leben ein erfülltes und glückliches Leben als Frau zu führen. Doch Ute hat sich in ihrer Seele anders entschieden. Erst wenn sie bereit ist, die Fülle und die Wahrheit sowie die Weisheit der Geistigen Welt wahrhaftig zu akzeptieren, ist ihre Seele bereit, wirklich zu geben und die Fülle anzunehmen.

Wir Engel überlassen es jeder Seele selbst, wann für sie der Zeitpunkt gekommen ist. Es ist egal, in welcher Inkarnation die Seelen die Wahrhaftigkeit ganz annehmen können. So sollt Ihr erkennen, dass jede Seele auf dem Weg ist und jede Seele in ihrem eigenen Rhythmus schwingt. Für jede Seele kommt der Tag, an dem sie bereit ist, das Licht, die Fülle und die Wahrheit ganz in sich anzunehmen und zu erkennen, wer sie ist und woher sie kommt. So erkennt, dass Ihr selbst Engel auf Erden seid und in der großen Wahrhaftigkeit, wenn alle Ketten abgelegt worden sind, keiner Schuld trägt. Dies sind die Entwicklungen der Seelen auf Erden und so halten wir jede Seele in Liebe und Wahrhaftigkeit, bis Du liebe Seele, unsere Hände und unsere Weisheiten ganz und gar in Dir verankern kannst, damit Du ganz und gar wieder bei Dir selbst ankommst und damit in Deinem göttlichen Licht, in Deiner Größe und in Deiner Wahrhaftigkeit, denn diese liegen in Deiner wahren Göttlichkeit. So ist es!!!

Ich habe gesprochen.
Euer Erzengel Michael

Loslassen

Es gibt Möglichkeiten des Loslassens aller Seelen von Glaubenssätzen, Gedankenmustern, Prägungen, Programmierungen und Emotionen.

Egal, welches Leben Ihr tragt, meine lieben Seelen, egal, was Ihr getan habt oder nicht getan habt, am Ende werdet Ihr alle wieder ankommen in Eurem puren Licht, je nach Eurer Bereitschaft.

Doch es gibt Hilfe für Euch, dies im Hier im irdischen Dasein zu tun.

Jeder von Euch, der sich in den vorigen Geschichten von Erzengel Michael auf irgendeine Weise selbst erkannt hat, kann mit einem spirituellen Helfer, einem Engel, Lord Christus Sananda oder Horrus dann bestimmte Sätze sprechen, die Ihr nachfolgend findet.

Geht dabei ganz aus Eurem Verstand heraus und in den Bauch. Benutzt Euren Atem. Atmet tief ein in Eure Hüfte. Lasst Eure Seele und Euer Herz zu und setzt damit Euren Schmerz und Eure Enttäuschung über Euch selbst frei.

Jeder Prozess ist sehr individuell für jede einzelne Person.

Hier einige Beispielsätze:

Ich lasse los für meine Seele, die Kontrolle durch meinen Verstand über mein Herz

Ich lasse los meine Traurigkeit, von meinen Eltern nicht erwünscht gewesen zu sein

Ich lasse los meinen Schmerz über die Gewalt und Kälte hier auf der Erde

Ich lasse los das Gefühl der Ohnmacht, manchen Dingen hilflos ausgeliefert zu sein

Ich lasse los die Last vieler Generationen

Ich lasse los Wut, Hass und negative Energien auf andere

Ich lasse los meine Angst, ganz in meinem weiblichen/männlichen Körper anzukommen

Ich lasse los meine Angst, mich ganz mit der Erde zu verbinden, aus Angst hier auf der Erde verankert zu sein und bitte die Seele von .... um Verzeihung für z.B. Demütigung, Verletzung, Ablehnung .... und verzeihe mir selbst

Ich lasse los alle Schuldgefühle gegenüber der Seele von .... und lasse meine Selbst-Anklage los

Liebe Leserin, lieber Leser, jede Inkanation soll Euch zu Euren göttlichen Seelenqualitäten führen! Sehe die Intelligenz alles Seins dahinter. Du alleine bist es der bestimmt, wie lange Du dazu benötigst.

Die im Unterbewusstsein vorhandenen, verletzten Emotionen und Schuldgefühle hindern Dich, frei und glücklich zu sein. Diese beruhen oftmals auf vielen Erfahrungen der zurückliegenden Generationen. Erinnere Dich an die Geschichten von Gudrun und ihren Nachkommen oder an Gegebenheiten aus einem Deiner eigenen Leben.

Hieraus kann man auch erkennen, wie wenig selbstbestimmt ein Mensch hier auf Erden lebt. Oft glauben die Menschen, dass sie selbstbestimmt und wirklich frei leben. Wirklich frei sind sie erst, wenn sich schmerzvolle oder schuldhafte Anteile in ihren Seelen lösen und somit geheilt sind.
Es gibt viele Bücher von spirituellen Menschen, die mit heilenden und auflösenden Methoden arbeiten und damit Körper, Geist und Seele befreien wollen. Auf diese Weise kann die Menschheit endlich den Schritt der Befreiung in ihrem Inneren gehen und damit ist der Weg zurück nach Hause geebnet. Denn zu Hause sind wir erst, wenn wir glücklich in uns selbst angekommen sind. Erst dann sind unsere Seelen in ihrem Licht und in ihrer wahrhaftigen Liebe angekommen. Diese Liebe trägt jeder Mensch in sich. Wir alle sollten uns die Chance geben, uns selbst mit Hilfe eines anderen zu befreien. Damit kann das Leid in uns geheilt werden und was nicht mehr in uns ist, tragen wir nicht mehr nach außen, sondern wir senden dann die Liebe, die Einheit nach außen und haben verstanden, was Christus und die Geistige Welt uns lehren wollen und nur dann können wir glücklich sein. Endlich bekommen wir alle den richtigen Blick auf die wahre Schönheit unserer Wesen und erfahren in uns selbst wahres Glück. Dies kann nicht

von außen kommen, wie wir das irrtümlich immer glaubten und suchten, sondern, Glücklichsein entsteht in uns selbst und das können wir dann anderen geben.

Ich wünsche mir, dass jede Seele auf diesem Planeten den Schlüssel dafür findet und auf die Suche für die eigene Heilung geht. Ich wünsche mir, dass jede Seele erkennt, wer sie in Wirklichkeit ist und was durch die irrtümliche Meinung und Prägung durch andere geschehen ist, im Irrglauben, wir wären nichts außer Staub und Materie.

Nun will ich meinen Leserinnen und Lesern etwas über Engel und aufgestiegene Meister erläutern.

Cherubim-Erzengel sind helfende Engel und Boten Gottes.

Seraphim-Engel haben die Aufgabe, mit Licht die Erde und die Menschen zu unterstützen, sie lichtvoller zu gestalten. Das Seraphim-Engel-Licht erleuchtet die Erde und die Menschen. Sie dienen Gott. Sie sind Alleins.

Erzengel sind jene, die Gott am nächsten sind und seit Anbeginn der Zeit dienen. Erzengel sind anderen Engeln übergeordnet und stehen mit diesen leitend und unterstützend in Verbindung. (Zum Beispiel: Erzengel Michael, Erzengel Gabriel, Erzengel Raphael, Erzengel Uriel, Erzengel Jophiel, Erzengel Chamuel, Erzengel Ariel, Erzengel Zadkiel, Erzengel Haniel, Erzengel Memoria, Erzengel Sharon, Erzengel Ashrael, Erzengel Raziel).

Schöpfer-Engel nutzen die heiligen, spirituellen Energien, die aus den Engelreichen kommen und helfen den Engeln bei der Bildung und Aufrechterhaltung der physischen Schöpfung gemäß dem göttlichen Plan (Zum Beispiel: Maaron, Dragon, Aramus).

Chi-Engel bilden die Einheit aus weiblicher und männlicher Heil-energie.

Aufgestiegene Meister sind menschliche Wesen, die uns voraus-gegangen sind. Sie haben auf der Erde gelebt und nach einer Reihe von Inkarnationen, die auf einer spirituellen Ebene sehr erleuchtet waren, eine Stufe erreicht, von der sie aufsteigen konnten. Sie wurden erleuchtet und somit fähig, ihr Bewusstsein auszudehnen und sich von der materiellen (dualen) Welt zu befreien. Sie müssen nicht mehr inkarnieren.

Die wesentlichen Namen aus der Geistigen Welt sind:

Die Quelle   Gott ist die Quelle

Christus Sananda   Jesus Christus

Lady Nada   Maria Magdalena

Seraphis Bey   ist einer der ersten göttlichen Engel

Belis Bey   ist ein neu entstandener Engel

Horrus   Torwächter des 21. Tores, das Tor zu den Himmeln der Einheit, welches die Quelle und das Duale System verbindet

Gaia   ist der weibliche, geistige Teil der Erde

Guna   ist der männliche, geistige Teil der Erde

Asthar Sheran   ist der neutrale Flottenkommandeur, der magnetische Dienst von Lichtschiffen

Shakti   ist die weibliche Göttin, die Königin

Melek Metatron   männlicher Gott

Elohim   Schöpfergötter der Erdentwicklung mit eigener Energie,
Schrift und Sprache

Kundalini Energie   ist die Lebensenergie

Die beiden Auflistungen der Engel und aufgestiegenen Meister und
die Auflistung aus der Geistigen Welt sind hier nicht vollständig. In
meinem zweiten Band werde ich darüber etwas mehr berichten.

Das nachfolgende Channeling dient dazu, Dich erst einmal an die
geistigen Energien zu gewöhnen. Je öfter Du diese Sätze liest, um
so stärker wird die heilige Kraft, die in diesen Sätzen liegt, durch
Dich fließen.
Du wirst gereinigt und an die höheren Frequenzen angeschlossen.
Diese ersten Channelings bringen Dir Kraft und Reinigung auf allen
Ebenen. Gehirn, DNA, Unter- und Überbewusstsein, Seele, Körper
und Geist. Alte Programme, werden aufgeweicht und gelöst. Nutze
diese heiligen Worte so oft Du kannst.

Erzengel Michael spricht

Ich grüße Dich, mein geliebtes Sein. Ich spreche zu Dir. Ich spreche zu Dir mit dem blauen Strahl der ultramarinen Herzfrequenz und Herzenergie. Empfange nun die hohe Frequenz meiner Energie. Meine Energie erfüllt Dich nun, durch das Kronenchakra, erfüllt Dich tiefer hinein in Dein Herzchakra. Die Energie meiner Frequenz erleuchtet nun Deine Milz und Deine Leber. Atme nun tief in Dein Herz. Atme ein und schöpfe Kraft aus meinem Selbst, das Du Erzengel Michael nennst. Unendliche Liebe durchströmt Dein ganzes Sein. Fühle die Liebe die durch Dich strömt. Fühle nun die Gnade, die der Schöpfungsakt für Dich bereit hält. Hohe Lichtschwingungen erfüllen nun Deinen ganzen Körper. Jetzt lösen sich in der tiefsten Gegend Deines Herzchakras alte, verklumpte und festgefahrene Energien. Die Muskelfrequenz Deines Herzens erhöht sich nun um das Zehntausendfache. Reinigung geschieht. Deine Milz und Deine Leber, die untrennbar miteinander verbunden sind, werden gereinigt. Mit dem Herzmuskel arbeitet nun alles in vollkommener Harmonie, in Einheit und Gleichklang zusammen. Entgiftung entsteht durch die ultramarine, blaue Herzfrequenz meiner Heilung. Diese Art von Heilung geschieht in allen Organen. Erinnerungen der einzelnen Herzfrequenzen können und werden nun abfließen. Fühle die hohe Reinigungsenergie der ultramarinen, blauen Herzfrequenz, die aus meinem Selbst stammt, von mir. So sei nun gesegnet, mein Sein, denn ich bin Dein Sein. Öffne Dich der vollkommenen Harmonie des inneren Geistes und der inneren Liebe. So kann nun – nachdem ich mich von Dir für einen Moment verabschiede – die Christusenergie wirken. Ich bedanke mich bei Dir, dass ich zu Dir kommen durfte, dass Du meine reinigende Energie empfangen hast und ich sie Dir vermehrt schenken und geben durfte. Nun verabschiede ich mich und lasse die Christusenergie wirken.

Dein Erzengel Michael

Christus, Sananda spricht

Ich bin es, mein geliebtes Sein. Ich bin die hohe, lichtvolle, silberweiße Herzfrequenz der Christusenergie. Ich schwinge auf dem Silberstrahl der reinen, göttlichen und weißen Lichtfrequenz. Diese hohe Frequenz soll nun in Dir wirken und Deine wahrhafte, ureigenste Lichtfrequenz erhöhen. Ich bin es, Christus, der jetzt zu Dir spricht. Fühle nun die reine Liebe des silberweißen Mondstrahls. Reines, weißes Licht durchströmt nun Deinen Körper. Empfange die göttliche Frequenz der bedingungslosen Barmherzigkeit, Gnade und Liebe. Meine Energie fließt nun durch Deinen ganzen Körper. Du fühlst nun in Deinen Händen meine Lichtfrequenz. Diese Lichtfrequenz macht sich in all Deinen Zellen breit. Die Energie in Deinen Zellen wandelt sich nun in rosa, violette und weiße Lichtfrequenz. Rotation findet statt, eine Schwingungsrotation, damit Deine Zellen nun Lichtnahrung und Lichtfrequenz aufnehmen können. Deine Zellen werden nun mit hoher Christusenergie, Schöpfermacht und Einheit des vollkommenen Seins des Schöpfers getränkt. Empfange nun die lichtfrequentierte Schöpferenergie des Heiligen Geistes und von Christus Sananda, der für Dich gegangen ist, für Dich gekommen ist und für Dich wirkt.

Nun beginnt die Energie, in Deinen Gehirnwindungen zu wirken. Empfange die hohe Frequenz der Geistesenergie des Schöpfers und der Allmacht. Atme durch Deine Zellen das höchste Licht der Weisheit und des göttlichen Seins ein. Verbinde nun Deinen Verstand mit Weisheit, Tugend, Ehrfurcht und barmherziger Liebe. Nichts außer Liebe soll Dich nun durchströmen. Fühle Liebe – fühle Ganzheit – fühle göttliches Erwachen – in Dir. Fühle nun den eigentlichen Schöpfer-Gott, der Du selbst in der göttlichen Wahrhaftigkeit und in Wirklichkeit bist. Empfange nun ein Geschenk, ein Geschenk des Schöpfers. Ein Geschenk, das alles Sein und alle Frequenz in sich trägt. Empfange den goldenen Kelch meiner selbst, den ich Dir nun in aller Göttlichkeit, in unvorstellbarem

Maße der vollkommenen und barmherzigen Liebe schenke. Der Kelch des Göttlichen wird Dir nun überreicht. Nehme ihn in Empfang. Er beinhaltet das Wasser des Lebens, reine Schöpferkraft. Trinke nun das Wasser des Lebens, das goldene Wasser des Lebens aus dem goldenen Kelch, der allumfassenden Schöpfung. Der Kelch des allumfassenden Lebens ist nun in Dir und erwacht. In Dir erwacht große Freude, die Blüte und der Duft von Rosen, Margeriten und Veilchen. Die Wirkung der Smaragde und aller Edelsteine des Göttlichen erwachen nun in Dir zu neuem Leben. So fühle die unermessliche Liebe, die Dich umströmt. Fühle den Reichtum Deines Seins. Fühle den unermesslichen Wert Deines Seins in allen verschiedenen Darreichungsformen, in allen Deinen verschiedensten Aspekten, Sprachen und Ausdrucksformen. Es ist alles gesegnet, es ist alles erwünscht, es ist alles gewollt, es ist alles von der göttlichen Schwingungswelt erfüllt, und wird von Dir dankbar angenommen. So wollen wir, alle Lichtwesen, wie auch ich Dein Christus, Dich segnen – mit

ASHAR DONAR, ASHAR DONAR, ASHAR DONAR

Ich danke Dir – **Dein Christus Sananda.**

Erzengel Michael spricht

Mein geliebtes Sein, heute spreche ich zu Dir. Ich möchte Dir eine frohe Nachricht überbringen. Dies ist Deine erste Reise, Dein erster Weg zu Deinem lichtvollen, göttlichen Helfer. Es ist Dein erster, heilvoller Weg zu Deinem göttlichen „ICH BIN" und zu Deiner göttlichen, vollendeten, lichtvollen Wahrheit und Wahrhaftigkeit. Ich, Dein geliebter Erzengel Michael, möchte Dir nun die frohe Kunde überbringen, wie Du im Hier und Heute das erste Mal mit Deinem eigenen, lichtvollen Führer in Kontakt treten kannst.

Ich, Dein Erzengel Michael, führe Dich nun in die Wahrhaftigkeit des lichtvollen Seins, der Essenzen, der Engelsenergien. Der erste Schritt des vollkommenen Seins ist die lichtvolle Führung durch mich. Der erste Strahl, den ihr lichtvolles Blau nennt, wird nun in Deinem inneren Geist aktiviert. Stelle Dir vor, Du bist lichtvolles Blau. Es durchströmt Dich durch und durch in Deinem ganzen Sein, in Deinem ganzen Wesen. Folge mir nun nach. Folge mir nach. Folge dem blauen, lichtvollen Strahl der blauen, lichtvollen Straße entlang. Stelle Dir vor, die lichtvolle Straße des blauen Seins wird immer dichter und leuchtender. Du schwingst Dich immer höher und höher in meine kosmische Energie ein. In die Vollkommenheit des Einen, des Ganzen und des göttlichen Lichtes. Du bist ein wahrhaftes Wunder des göttlichen Seins, des göttlichen Funkens. Nun siehst Du vor Deinem geistigen Auge ein göttliches, weißes Licht. Darin brennt eine Kerze mit göttlich, hell erleuchtetem Strahl. Nehme dieses göttliche, heilige Licht in Dir auf – atme. Atme die göttliche Erleuchtung, die göttliche Kraft in Dich ein. Nehme nun zehn tiefe Atemzüge. Atme die Quelle des Lichts nun ein und aus. Atme die Liebe Christi, die Wahrhaftigkeit und die Herrlichkeit ein. Öffne Dein ganzes Sein der vollkommenen Liebe, der wundervollen, barmherzigen Gnade. Fühle die tiefe Freude, die nun beginnt in Dir aufzusteigen. Fühle die herrliche Essenz der Wahrnehmung der göttlichen Energien – diese sind

*allumfassend. Atme ein, atme aus – das Licht der Herzen, die Dir
aus der Geistigen Welt zurufen, zuwinken und Dich in göttliches
Licht hüllen – jederzeit, Tag für Tag, Stunde um Stunde, Minute
um Minute, Sekunde um Sekunde, Du geliebtes Sein wirst uner-
schöpflich und ununterbrochen geliebt. Fühle und empfange die
Liebe. Empfinde sie als ein Geschenk, ein Geschenk des Einen,
des Herrlichen. Fühle die unermessliche Liebe, die Gnade, die
Barmherzigkeit und die Fülle. Fühle die Liebe des Angenommen-
Seins von ganzem Herzen und von ganzer Seele. Öffne Dich. Öffne
Dich der Barmherzigkeit des Seins.*

*Nun folge mir weiter nach zur Herrlichkeit des Seins, das Ihr
Quelle nennt. Folge mir weiter zum allumfassenden, göttlichen
Licht. Die Kerze vor Deinem geistigen Auge verblasst zusehends.
Folge mir nach in die Herrlichkeit des Geistigen, der Vielfalt, der
Pracht und der Herrlichkeit des Einen, des Ganzen und des Schöp-
fers.*

*Du siehst vor Deinem geistigen Auge eine Quelle – eine Quelle un-
endlicher Energie. Du kannst eine Quelle wahrnehmen, eine
Quelle, die Dich nährt, die Dich verbindet, die Dich eins werden
lässt mit dem Schöpfer und Deinem eigenen Sein aus der Quelle,
aus der Du entsprungen bist. Das Licht in Dir dehnt sich stetig
weiter und weiter aus. Die Lichtfrequenz beginnt sich nun in un-
ermesslichem Maße in Dir zu erhöhen. Sie fließt mehr und mehr
ein in Dein Herz und in Deine Chakren. Öffne Dich und atme die
vollkommene Liebe des Göttlichen und des Lichts ein. Vertraue
auf meine Führung. Du, mein geliebtes Sein, wirst unermesslich
und grenzenlos geliebt. Fühle die barmherzige Liebe, die aus meiner Kraft, ausströmt. Fühle die unermessliche, reiche Energie der
allumfassenden Liebe des Alls. Spüre die Energie des Alls, des
Seins, der Vollkommenheit.*

*Nun folge mir nach, Du siehst vor Deinem geistigen Auge einen
Berg, es ist ein großer, herrlicher Berg, der aus allen Farbfrequenzen besteht, es ist ein Berg aus Kristallen. Dieser Berg besitzt*

eine unermessliche, göttliche Energie, die Dich schützt, die Dir Energie gibt. Die Bergspitze öffnet sich, Licht fließt ein. Ein großer Lichtstrahl öffnet diesen Berg. Du erlebst, wie der Berg sich langsam öffnet und vor Deinem geistigen Auge lebendig zu werden scheint. Er scheint sich vor Deinem geistigen Auge sogar fast zu verflüssigen. Es ist ein lebendiges Sein, eine lebendige Quelle. Du darfst nun mit mir zusammen diese flüssige Quelle betreten. Trete ein in die Kraft und Energie, die Dich nun umhüllt. Sehe, wie ich nun inmitten des göttlichen Lichtstrahls stehe.

Komme nun zu mir. Ich lade Dich ein, mit mir zusammen in den göttlichen Lichtstrahl zu treten. Komm, mein geliebtes Sein. Ich möchte Dich an der Hand halten. Ich bin Dein göttlicher Begleiter. Komme nun zu mir in den göttlichen Lichtstrahl des Gottesfunkens. Atme ein das Licht der Quelle. Fühle das Licht. Ich trage Dich jetzt mit meinen Flügeln zu Deinem Engel. Wir fliegen im göttlichen Lichtstrahl höher und höher und noch höher – hinauf zur göttlichen Quelle des Seins. Ich halte Dich mit meinen Flügeln und meinen Armen fest, so dass Du nicht fallen kannst. Vertraue mir ganz und gar, ich trage Dich in das Licht, in die Herrlichkeit der Liebe. Immer höher und höher fliege ich mit Dir zu Deinem herrlichen Engel, der Dich unermesslich liebt und mit dem Du jetzt bald in Kontakt treten darfst. Freue Dich auf Deine erste, herrliche Begegnung. Du trittst in Kontakt mit dem Herrlichsten, das Du je erblickt hast. Du trittst in Kontakt mit der herrlichsten Liebe, die Du je gefühlt hast, denn es ist die unermessliche Liebe Deines Engels, der Dich freudig an der Pforte des Himmels erwartet, der Dir gleichzeitig näher ist als alles Sein. Fühle, dass er Dir immer näher kommt. Fühle seine Gegenwart in Dir. Erleuchte, mein geliebtes Sein. Fühle die Anwesenheit Deines Engels und damit mehr und mehr dein Sein im göttlichen Lichtstrahl. Fühle, wenn Du angekommen bist in Dir selbst, in der Wahrhaftigkeit, in der Liebe und in der Vollkommenheit des Seins. Fühle, nun ist es soweit.

Öffne nun Dein inneres, geistiges Auge und damit Dein Licht in Dir. Das Licht, das Du nun vor Dir wahrnimmst, öffnet sich. Schau hinein. Schau hinein voller Freude, denn Dein Engel steht dort. Erblicke ihn. Dein Schutzengel steht im Licht. Du darfst ihn nun bitten, dass er sich Dir zeigt, dass er sich Dir nähert, dass er Dir seine vollkommene Liebe offenbart. Du darfst ihn nun voller Lebensfreude bitten, dass er Dir seinen Namen nennt. Voller Freude wird er Dir seinen Namen nennen. Wenn Du es vermagst, darfst Du ihm jetzt eine Frage stellen, eine Frage, die Dir schon so lange auf dem Herzen lag. Er, wird sie Dir beantworten. Nun bedanke Dich bei Deinem lichtvollen Helfer und verabschiede Dich nun liebevoll und dankbar von ihm. Fühle nochmals seine unermessliche Liebe die er zu Dir hat. Fühle seine Liebe. Fühle sie in Deinem ganzen Sein.

Nun kommen wir, mit meinen lichtvollen Flügeln auf meinen Armen getragen, langsam aber sicher wieder auf dem Lichtstrahl zurück, zurück zu dem lebendigen, kristallenen Berg, der sich Wahrheit, Wahrhaftigkeit und Güte nennt und für Dich allumfassenden Schutz bedeutet. Nichts, aber auch gar nichts kann Dir mehr geschehen. Nun mein allumfassendes, herrliches Wesen, mein unendlich geliebtes Sein, erwache immer mehr im Licht und vertraue.

Übe dies ein bis zweimal in der Woche, oder nach Deinen eigenen Bedürfnissen, und Du wirst sehen, dass Du immer mehr vom göttlichen Licht erfüllt sein wirst. Du wirst sehen, dass Du immer mehr von der Quelle des göttlichen Seins gespeist wirst. Du wirst sehen, dass Du besser und leichter mit Deinem Engel in Kontakt treten kannst. Du wirst sehen, dass Du immer mehr Nachrichten erhalten wirst. Und Du wirst sehen, dass Du, wenn Du es wünschst, auch stundenlang mit Deinem Engel kommunizieren kannst. Er freut sich jedes Mal, wenn Du ihn auf diese Art und Weise besuchen kommst. Nun, mein geliebtes Sein, komme langsam und allmählich zurück, komme wieder zurück in die Wirklichkeit, in das Hier, in das Jetzt.

Komme mit mir zusammen wieder zurück auf die herrliche Erde –
zur Mutter. Bleibe noch einen Augenblick in dieser Energie, lasse
Dir Zeit, Deine Augen zu öffnen.

Dein Erzengel Michael,
der Dich immer trägt,
wenn Du ihn rufst, mein geliebtes Sein.

Liebe Leserin, lieber Leser,

nach unseren ersten meditativen Ausflügen mit Erzengel Michael und Christus Sananda, ist Euch sicherlich aufgefallen, dass sich manches anders liest, als man es aus sonstigen literarischen Werken kennt. Selbstverständlich sind wir uns der teilweise unüblichen Redewendungen bewusst.

Da ich ein Voll-Channel-Medium bin, habe ich keinen Einfluss auf die Durchgaben. Es wurde mir ebenfalls durchgegeben, mich bei den Niederschriften nicht an irdische Standards zu halten. Manchmal zeigen sich mir so vielschichtige Bilder, die ich dann mit der irdischen Sprache fast nicht erfassen kann, weil es diese Worte schlicht und einfach noch nicht gibt. Diese Überfülle, Glanz und Größe in die irdische Sprache herunter zu transformieren, hört sich hie und da etwas seltsam an. Das ist so und darf so sein.

Ein anderes Mal erklären die geistigen Wesen mir an einfachen Beispielen hochkomplexe Zusammenhänge, deren Tiefen sich erst später in mir und meinen Lesern entfalten. Die Zeichen und Schriften der Elohim sind so gewaltig, dass dort manches Mal nur ein Buchstabe so viele Informationen in sich trägt wie eine ganze irdische Enzyklopädie mit zwanzig Bänden. Oft habe ich in der Geistigen Welt nachgefragt, ob ich das eine oder andere anders formuliert schreiben darf.

Als Antwort erhielt ich folgende Schulung:
Die Worte, die wir wählen und die Art des Ausdrucks schwingen nur auf diese Art und Weise auf die menschlichen Seelen ein. Nur so können wir, die Geistige Welt, zum höchsten Wohle aller mit Euch arbeiten. Der Intellekt wird schon übertrainiert in Eurer Zeit. Wir schulen Euren Geist und Eure Seele. So schaffen wir durch Dich, geliebte Salahai, diesen Kanal auf die Erde. Wir wissen, Du hast die Kraft, Stärke und Weisheit, über diesen Dingen zu stehen.

Ich versichere Euch, liebe Leserinnen und Leser, diese Courage musste ich mir über viele Kapitel hindurch auch selbst erst erarbeiten.

Eure Silvia Kost

Zum nachfolgenden Channeling:
Wie kam ich zu Horrus mit zwei „r". Nun dieser Horrus hat rein gar nichts mit dem ägyptischen Horus zu tun, auf den ich nur durch Bücher, später durch Freunde aufmerksam gemacht wurde.
Ich wurde aus der Geistigen Welt in das heilige Chi eingeweiht (linke Hand weiblicher Chi-Engel, rechte Hand männlicher Chi-Engel). Wir bitten diese Engel ihre Hand in unsere Hände zu legen. Zuerst links und dann rechts und schon fließen enorme Kräfte durch uns hindurch. Die linke Hand zieht Energie, die rechte Hand gibt Energie. So können wir die Hände auflegen um positive Energie zu geben und negative abzuziehen. In Hingabe und Liebe gelingt das immer. Diese Chi können wir jederzeit mit Christus und jedem Engel auf dieselbe Weise wiederholen, um so die Chi-Energie ansteigen zu lassen.
Shakti ist die weibliche Göttin und Melek Metatron ist der männliche Gott. Ich fragte die Geistige Welt: „Und was ist nun das Chi zwischen Shakti und Melek Metatron?". Es wurde mir geantwortet, dass es Horrus ist. Er ist das 21. Tor, die Energie zwischen der Dualität (Erde) und der Quelle. Mit Horrus kannst Du in Kontakt treten indem Du Dein Kronenchakra öffnest und Deinem Kronenchakra den Auftrag gibst, sich mit der Quelle zu verbinden. Denn ab dem 21. Tor beginnen die Himmel. Ja, Du hast richtig gelesen, die Himmel. Dies aber zu einem späteren Zeitpunkt.

Horus spricht

Ich grüße Dich, mein geliebtes Sein. Ich spreche heute zu Dir. Bisher waren ich und meine Schwingung Dir gänzlich unbekannt. Nun wirst Du aber heute viele Dinge von mir erfahren. Ich bin das Sein des Göttlichen Selbst. Ich erkenne jeden von Euch, immerdar. Ich bin es, der den Schöpfungsakt in sich trägt. Alles, was Ihr seid, seid Ihr durch mich. Ihr seid Gedankeneinheiten, die aus mir selbst stammen. Alles, was ist, ist in mir verankert. Das Leben ist herrlichste Vielfalt. Ihr selbst seid eine göttliche Einheit und gleichzeitig eine göttliche Einheit aus mir selbst heraus und in mir. Wahrhaftigkeit ist es, was uns immer verbunden hat. Vergessenheit hat Euch hineingetragen in das Nichtwissen. Doch Ihr seid alle mein Sein und alle seid Ihr mein Wissen, mein Denken, mein Fühlen. Alles, was Ihr seid, ist absolute Herrlichkeit – meine Herrlichkeit. Eine Herrlichkeit von unvorstellbarem Maß und Glanz, die nie und nimmer verloren gehen kann, denn ich bin eins mit Euch, so, wie Ihr eins seid mit mir. Noch wisst ihr nichts von Eurer einzigartigen Vielfalt. Noch erkennt Ihr nicht Euer vielfältiges Sein, die Ihr in allen Leben wart. Alles haben wir miteinander erlebt und durchwandert. Ich bin pures Licht, reine Liebe und Vollkommenheit, im Niedrigsten genauso wie im Obersten. Es gibt nichts außer dem Sein und der Liebe in mir, denn ich bin Alles – die ganze Schöpfung und die ganze Vielfalt, die Ihr seid. Fühlt die Energie. Fühlt meine Energie. Fühlt die Herrlichkeit und empfangt meine Schwingung. Alles, was entstanden ist, ist vollkommen und daneben pures Licht. Es gibt nichts Unvollkommenes in mir, da Ihr ja alle in mir seid. Ich kenne jede Eurer Bewusstseinsschwingungen. Ich kenne mehr von Euch, als Ihr im Moment erfahrt. Viele Leben habt Ihr gelebt und Ihr werdet auch noch viele weitere Leben leben. Ihr seid gleichzeitig immerdar und Euer Bewusstsein ist überall gleichzeitig so, wie ich überall gleichzeitig bin. Euer Bewusstsein wurde für eine kleine Weile gekappt, doch wenn Ihr erst einmal das herrlichste Geheimnis der Geheimnisse erfahrt, dass Ihr überall und alles gleichzeitig seid, so wie ich es bin, dann wird die Herrlichkeit in Euch wieder vollkommen erblühen und alles Wissen wird in Euch wieder vereint werden. Deshalb seid nicht traurig, wenn eine Kleinigkeit geschieht. Ihr dürft Euch immer an mich wenden. Ihr dürft mich auch bitten, Ungeschicke nicht allzu zahlreich zu gestalten. Ihr habt es in der Hand, mich darum zu bitten. Ich vermag alles zu tun, was Ihr wünschet und es macht mir große Freude, Experimente im Göttlichen zu tun. Was Ihr wünscht, was Ihr denkt, was Ihr fühlt, was Ihr bittet, möchte ich Euch erfüllen. So dürft Ihr mit Euren Gedanken, mit Eurem Sein, mit Eurem Fühlen experimentieren. Ja selbst, wenn Ihr denkt, dass Ihr schlecht seid, dürft Ihr experimentieren. Denn es ist nur so gekommen, weil Ihr experimentiert. Ihr dürft darum bitten, es zu energetisieren und zu erfüllen, denn es ist leicht für mich, alles für Euch zu erfüllen. Ihr könnt es auch anders wünschen und anders fühlen und mich darum bitten, es zu energetisieren und zu transformieren. Es ist leicht, dies zu tun, für Euch und für mich. So empfanget nun die göttliche Freude, die herrscht. Empfanget die göttliche Freude über alles Sein und Leben. Nichts ging jemals verloren oder wird jemals verloren gehen. Es ist niemals möglich, dass ein Sein verloren geht, denn Ihr und ich sind eins. Fürchtet Euch nicht vor Eurem göttlichen Sein, denn Ihr seid göttlich, so wie auch ich. Ich bin der Vater, der Sohn, die Mutter, Christus, Ihr selbst seid, das Gras, die Blume, der Stein, das Wasser, der Flügel jedes Lebewesens, der Flügel aller Kreaturen, aller Universen und von allem, was ist. Darum wisset, Ihr seid niemals allein, denn ich halte Euch immer in meinen Händen. Und wenn Ihr einmal das Gefühl habt, allein zusein, so ist es ein Trugschluss. Ruft nur meinen Namen und alle Engel werden zu Euch fliegen, um Euch in eine wundervolle, hohe, göttliche Lichtfrequenz zu erheben. Fühlt diese Liebe und Frequenz, dann werdet Ihr spüren, dass Ihr in Wahrheit niemals allein wart. Ihr selbst konntet mit mir dieses

Experiment durchführen. Es war lustig, Euch zu sehen, wie Ihr mal scheinbar dies und mal das wart. Dabei wart Ihr in Wahrhaftigkeit immer alles gleichzeitig. Freut Euch Eures göttlichen Seins. Ihr werdet nun nach und nach mehr darüber erfahren. Fühlt die Freude, fühlt das Lustige darin, weil eigentlich alles ganz lustig ist. Seht, die Göttlichkeit ist Fröhlichkeit, die Göttlichkeit lacht gerne, die Göttlichkeit tanzt gerne, darum tut Ihr es auch. Warum seid Ihr traurig? Geht doch in den Fluss des Lebens! Nehmt nicht alles so schwer. Ich und meine Engel und Helfer möchten Euch jederzeit an der Hand nehmen, Euch führen, Euch in die Lüfte tragen, in die Fülle und in das Sein hinein. Alles, was Ihr wünscht, ist möglich. Ihr selbst seid es doch, die Ihr oft neugierig seid und wieder fröhlich in eine Inkarnation geht. Dies ist ein heiliger Akt, natürlich seid Ihr dann in der Vergessenheit, sonst könntet Ihr diese Erfahrung nicht machen. Ihr könnt nur die göttliche Erfahrung machen oder die menschliche. Verkörpert alles gleichzeitig und Ihr werdet wissen wenn Ihr wieder bei mir seid. Ihr könnt nach oben schwingen, Ihr könnt nach unten schwingen, Ihr müsst nur wissen, dass Ihr alles zu jeder Zeit entscheiden könnt. Wenn eine Entscheidung einmal gefallen ist, so bleibt sie bestehen, bis sie vollendet ist. Das Göttliche liebt es, etwas in Vollkommenheit zu Ende zu bringen. Schade ist es, wenn Ihr, manchmal sogar freiwillig, Eure Inkarnationen verlasst, denn Ihr könnt es doch nur selbst erfahren. Viele aus Eurem Sein sind dazugekommen, damit Ihr diese Erfahrung machen und zurückgehen könnt. Ihr könnt jederzeit mich selbst, Eure Schutzengel, Eure Geistführer und alle Eure himmlischen Helfer um Hilfe bitten und immer werdet Ihr getragen sein durch lichtvolle Energien. Die Flügel der Engel werden Euch aus Eurer Trauer hinaus- und wieder hineintragen in Euer lichtvolles Sein der Wahrhaftigkeit. Also freut Euch des Lebens, denn das Leben ist einzigartig, wunderbar und voller Vielfalt. Durch das Leben dürft Ihr noch vieles erfahren.

Stellt Euch vor, Ihr wüsstet immer alles gleichzeitig. Wie langweilig wäre das doch. Also müssen wir spielen. Nein, wir möchten spielen, denn das Leben ist ein Spiel und nicht immer nur Ernst und Traurigkeit. Die Menschheit, nicht das Göttliche, hat diese Traurigkeit gebracht. Da nun aber immer mehr lichtvolle Schwingung auf die Erde getragen wird und die Erde nach und nach zurückgeholt wird in die hohen Lichtschwingungen, so freut Euch. Erlebt diesen Akt der Freude und der Rückkehr zu mir, zu uns, Euren geistigen Helfern und Führern. So wie auch Ihr einst geistige Helfer und Führer seid, so wie auch Ihr dort, dort und doch alles gleichzeitig seid. Wenn Ihr mal wieder ganz in diesem Bewusstsein bei mir angekommen seid, so werdet Ihr spüren, dass Ihr in aller Zeit alles gleichzeitig seid. Seid ein Blatt und Euer Bewusstsein wird fühlen, wie sich ein Blatt anfühlt, wie es wächst und sogar jede einzelne Zelle eines Blattes. Euer Bewusstsein wird sich erinnern, wie es ist, nichts zu wissen und wie es ist, alles zu wissen. Ist das nicht herrlich? Das ist das Göttliche – und noch vieles weitere darüber hinaus. Dies war nun Eure erste, wundervolle Lektion, oder aber auch Erinnerung. Nun möchte ich mich von Euch wieder verabschieden. Bis zum nächsten Mal, wenn ich erneut zu Euch sprechen werde und Euch in vollkommener Freude, meine Schwingung bringe, in vollkommener Liebe und lichtvoller Harmonie. Bis zum nächsten Mal, mein geliebtes Sein.

*SHEGOMEN, SHEGOMEN SHEGOMEN
POREANA SE DAN, KOFOREA ADINALIA KERIAN,
SHE DAS, SHE DAS, SHE DAS, KOPORAN EKATIS
KONOLIN MAGDA ERIA WODAN, KASHIA ASAT,
ASAT, ASAT KABOR URIAS TSHEK VALI
MARIANA MEIKRAN SHERIDAS PROVIDAS
DESARIAS MEKDAS*

Dies war eine hohe, göttliche Segnung, die im Moment und nur
für den Moment, noch nicht in Eure Sprache übersetzt werden
kann, denn sie ist so hoch schwingend, dass Ihr sie noch nicht verstehen würdet. Empfangt daher nur die Energie dieser Schwingungseinheit, die Ihr jetzt erhalten habt.

*KERMIANAS KERMIANAS KERMIANAS
SEDAS KISEA ORAN*

Leben, Leben, Leben – Existenz, Existenz, Existenz – Sein, Werden.
Es wird nie vergehen.

SHEDARIAS SHEDAS

Ich verabschiede mich.
Euer Horrus

AUFRUF

Christus, Sananda spricht

Ich begrüße Euch aus dem vollkommenen Sein des Ganzen, des Werdens, des Verzeihens, aus den hohen Regionen der allumfassenden Barmherzigkeit. Ich spreche heute zu Euch – Euer Christus.

Lange Jahre ist es her, dass ich Euch meine Energie auf die Erde sandte. Ich werde von nun an vermehrt zu Euch sprechen. Ich werde Euch meinen allumfassenden Segen zum Ausdruck bringen. Ich bin gekommen, um Euch zu segnen aus dem Allumfassenden Sein, aus den höchsten Toren. Ich habe Euch meine Erzengel zum Schutze gebracht. Ich habe Euch Eure Schutzengel zum Schutze gebracht. Ich habe Euch in Euren Herzen hierher geführt, damit Ihr meine Stimme vernehmen könnt. Ich freue mich jeden Tag um jedes meiner Kinder, die ich hier neu versammeln kann.

Ich bin Euer Christus und ich liebe Euch aus ganzem Herzen und ganzer Seele. Wir sind pures Licht, wir sind vollkommenes Sein, wir sind Barmherzigkeit.
Es fließe durch Euch die Wärme der Herzen, die Wärme der Engel, der Flügel Gottes. Die Engel sind umfassendes Sein, sie sind das Wort Gottes, sie sind die Flügel Gottes, sie sind die Reinheit Gottes, sie sind Eure Helfer und Begleiter.
Sie bringen Euch vermehrt Führung, vermehrt Ruhe, vermehrt Stärke, damit Ihr nicht fallt!
Viele von Euch haben bereits Untergangsstimmung. Dies ist nicht gerechtfertigt, denn wir wollen Euch halten, jeden Tag, Euch helfen, wieder zurückzufinden auf den Boden. Wir wollen Euch führen in Eure wahrhaftige Liebe und in Eure Kraft. Nichts kann Euch stürzen, wenn wir bei Euch sind. Wir wollen Euch halten, im Gebet – so spricht der Geist. Wir wissen, dass die Last zum Teil sehr schwer auf Euch liegt, wir werden bei Euch sein, um Euch zu helfen.

Wer diesen Ruf hört, wer meine Worte hört – die Worte aus der Geistigen Welt – soll besonders in diesen irdischen schwierigen Zeiten gesegnet sein. Wir lassen Euch nicht fallen.

Wir sind hier, um auch Wünsche zu erfüllen, um Euch das zu geben, was Ihr in diesen schwierigen Zeiten benötigt. Viele von Euch fragen sich täglich, oft zur Nacht, im Herzen: „Wie soll es weitergehen? Wo ist denn nun die Geistige Welt?" Verzweiflung sehen wir oft in Euren Herzen, doch wir wollen den Geist bitten, denjenigen, den Ihr Euren Vater nennt und der meinen Ruf erhört, wenn ich zu ihm spreche, den allumfassenden Geist, Euch zu segnen, und Euch zu helfen, denn er ist mächtig. Er vermag alles für Euch zu tun. Wenn mein Herz zu ihm spricht wird er alles für Euch tun. Ich bin Euer Fürsprecher.

Macht eine Pause, um die Mächte und Gott-Vater sprechen zu lassen:

„Wir haben in diesen Tagen viel für Euch vorbereitet. Kommt, wir haben immer wieder darüber berichtet. Es wird vieles aus den Fugen geraten, und es wird noch mehr werden. Doch fürchtet Euch nicht. Wir sind bei Euch und wir helfen Euch. Wir führen Euch aus dunklen Tälern des Herzens, aus Verzweiflung und Not. Darum sind wir heute versammelt, um für Euch den Segen zu bringen."
„Ich, Euer Christus, bin hier und lasse Euch niemals gehen oder fallen."
Es ist für mich und meine Engel immer wichtig, zu Euch zu sprechen, damit wir Euch halten und Euch informieren können, damit Ihr nicht auf Abwege geratet und dass wir wir Euch nicht verlieren. Es liegt uns am Herzen, Euch nicht zu verlieren. Darum versucht immer, dem Ruf der Engel zu folgen, dass es für uns möglich ist zu Euch sprechen zu können. Denn Ihr seid unsere Schafe und unsere Kinder. So ist es uns wichtig, Euch versammelt zu haben. Ich bedanke mich bei Euch, meine lieben Kinder der Erde. Ich umarme

Euch und segne Euch im Frieden Eures Herzens. Ich gebe Euch nun an die Erzengel weiter. Ich bin pures Licht, pure Liebe und pures Sein. Die Erzengel wirken und sind mächtige Wesen. Ich bin der Fürsprecher der Herzen. Ich rufe nun:

Asthar Sheran, *komme in diesen Raum und führe meine Kinder der Erde!*

Erzengel Uriel, *komme in diesen Raum und bewache meine Kinder der Erde!*

Erzengel Ariel, *komme in diesen Raum und heilige die Worte, heilige die Seelen und transformiere alles Alte, was nicht mehr in die Neue Zeit gehört!*

Erzengel Zadkiel, *erfülle diesen Raum mit Deiner Güte und mit Deinem allumfassenden Wissen, Deiner Weisheit und Wahrhaftigkeit!*

Erzengel Ashrael, *erfülle nun diesen Raum mit Deiner Wahrheit und mit Deiner Führungskraft!*

Erzengel Michael, *ich danke Dir für alles, was Du auf dieser Erde getan hast, um die Herzen der Menschen für die Worte der Engel und der Geistigen Welt aufzuschließen. Komme nun in diesen Raum, du Führer aller Erzengel!*

Erzengel Haniel *für die Weisheit und der bildenden Künste, der Philosophie des Geistes, erfülle nun diesen Raum mit Deinem Licht.*

Erzengel Chamuel, *Engel der Liebe, komme nun in diesen Raum. Ich gebe Dir nun die Aufgabe, sehr viele Menschen zu diesen Menschen, die dieses Buch lesen, zu führen, so dass sie berichten können vom Sein des Ganzen und den Worten der Engel und der Geistigen Welt. So seid Ihr alle gesegnet, da Ihr meine Worte vernehmen könnt.*

Ich, Christus Sananda begrüße Euch im finsteren Tal. Ich bin mitten unter Euch und führe Euch nun heraus in diesen Tagen auf die

Lichterstraße des Lebens, damit Ihr von nun an beschützt gehen könnt und Euch kein Unheil mehr treffen soll. Denn ich sage Euch an dem heutigen Tage, dass ich Euch vermehrt beschütze und Euch beschützen lasse von meinen mächtigen Engeln.

Ich Christus Sananda begrüße nun die Posaune Gottes, Erzengel Gabriel, der noch häufiger zu Euch sprechen wird, die Aufgestiegenen Meister und die Meister des Karmarates. Das Karma ist aufgelöst in Euch von diesem Augenblick an. Denn ich will alles auflösen, was Euch bedrückt und Euch frei von Schuld sprechen. Denn Ihr seid meine Kinder. Ihr seid von Anbeginn der Zeit ausgesucht, um großes Heil über die Erde zu bringen und Großes zu bewirken. Ich sage Euch, Ihr werdet dies tun. Für Euch klingt es unvorstellbar, doch Ihr werdet es sehen. Wir werden Euch alle immer zum richtigen Zeitpunkt an einen gewissen Ort stellen. Ihr werdet von nun an vermehrt Resonanz bekommen und die Menschen werden Euch ab dem heutigen Tag häufiger zuhören. Denn wir sehen in Eure Herzen. Wir wissen, was Ihr wirklich wollt. Ihr seid durch verschiedene Prüfungen gegangen, doch Ihr seid angekommen. Ich sehe Euch in der Wahrhaftigkeit, in der Wonne Gottes. Großes wird geschehen an diesen Tagen, so dass Ihr wisst und niemals vergesst, wer Euer Schöpfer ist und war. Denn er ist allmächtig und vermag alles zu tun, was ein reines Herz wünscht. So sei es. Ich habe gesprochen meine Kinder! Ich werde bei Euch sein an diesen Tagen. Ich werde Euch begleiten und auch des Nachts bei Euch sein. Ich bin Christus Sananda, ich umarme Euch in Eurer Seele, in Eurem Geist. Oh Ihr Lieben, ich vermag alles für Euch zu tun und ich wünsche mir auch, alles für Euch zu tun.

Jeder von Euch ist geführt, so wie auch Salahai dieses Channelmedium hier. Sie ist ein Mensch, so wie Ihr und dennoch groß, so wie auch Ihr groß seid. Wir werden Euch groß machen. Wir werden Euch wachsen lassen zu Eurer wahren Größe. Wir werden Euch führen in Euer wahres Sein, in die allmächtige Hand Gottes und Ihr werdet von nun an vermehrt spüren, wer Ihr wirklich seid.

Oft habt Ihr diese Worte gehört und doch war es scheinbar immer wieder dasselbe Übel. Doch bedenkt, dass es einen Bedarf an Vorbereitungszeit für Eure Seelen gibt, damit sie Großes vollbringen können. Ihr müsst hineinwachsen – langsam. Oft geht es Euch nicht schnell genug. Doch es geht schnell. Schneller könnt Ihr die Dinge nicht wirklich erfassen. Es würde Euch übermannen. So führen wir Euch langsam in den mächtigen Geist hinein, den Ihr habt, langsam hinein in Eure ureigenste Erzengel-Energie. Denn Ihr wollt mehr und mehr erwachen, mehr und mehr in Eure geistige Kraft kommen, in Eure eigene Erzengelkraft. Das ist in diesen Zeiten notwendig. Oft vergesst Ihr in den täglichen Alltagssorgen und Problemen zu schnell, wer Ihr wirklich seid. Dies schaffen wir allmählich ab. Es ist gewöhnungsbedürftig, aus altem Bewusstsein in neues Bewusstsein zu treten! Dies geht nicht von heute auf morgen, es dauert eine Weile. So möchte ich mich nun für einen Augenblick verabschieden, um das Gelesene in Euch wirken zu lassen, um nachher mit großer Energie die großen Erzengel und Horrus zu Euch sprechen zu lassen, um Euch auszurichten für die großen Energien, die fließen werden.

Ich bedanke mich bei Euch im Namen Eures Vaters und Eures Gottes, der viel für Euch vorbereitet hat, jetzt, hier und für alle Tage, auch wenn Du dieses Buch zur Seite legst! Es ist ein Fest Gottes. Es ist ein Fest des Seins. Es ist ein Fest, bei dem Du zu Hause in Deinem Inneren ankommen wirst. So feiern wir dies jeden Tag. Darum ist es ein Fest. Ich verabschiede mich.

Euer Christus Sananda

Horrus spricht

Hosianna, ich begrüße Dich. Hosianna. Der goldene Strahl des Lichtes fließe über Dich. Ich bin Horrus, der allumfassende, mächtige Geist, der Dich von Anbeginn der Zeit bewahrt und bewacht. Ich, Horrus, bin der Wächter und der Hüter der Schöpfung. Ich bin Teil des allumfassenden Seins. Meine Energie fließt golden über Dich. Fühle die Kraft meiner Schwingung.
Atme ein – die Wahrheit des Lichts.
Atme tief ein – meine Energie in Dich.
Hosianna – Hosianna – Hosianna

Nehme meine Hände an. Nehme meine getragene Energie an. Erde Dich. **Stelle Deine Füße auf den Boden.** *Sei gesegnet! Du bist mein.*

Atme die Energie tief in Dich ein. Es kann sein, dass es Dir etwas schwindelig wird. Lasse meine Energie zu. Große Heilkraft fließe in Dich ein.
Hosianna ist der Gruß der Engel, der geistigen Wächter des 23. Tores. Ich öffne Euch nun den Weg zur goldenen Stadt, zur Stadt Shambhala. Sehet den Weg vor Euch. Kommt zu mir, meine Kinder. Hosianna, so werdet Ihr begrüßt werden. Hosianna ist das Wort der Begrüßung an die Kinder des Seins, an die Kinder des Lichts, die dem goldenen Strahl Horrus' angeschlossen sind. Ich nehme Euch nun eine Last von Euren Schultern. Die goldenen Worte des Heilands, die violetten Energien der Reinigung, die silbernen Energien des Gehirns fließen jetzt in Dich ein. Störende Energien fließen jetzt aus. Stehe auf und sei kraftvoll, stehe auf und halte die rechte Hand unten und die linke Hand oben. Wer aufstehen kann, stehe auf. Wunder sollst Du sehen, mein Kind. Sehe die Wunder vor Deinem geistigen Auge und in Deinem Leben. Ich will nun alles von Dir nehmen, alles, was Dich belastet und Dich frei macht für

die Fülle des großen Gottes – Alaheja. Ich spreche nun eine Weihung:

„Krankheit, fließe ab. Gebe sie in meine Hände. Du sollst gesund sein. Alles, was Deine Seele belastet, lasse jetzt in Deinem Geist los. Ich nehme es auf und transformiere es. Ich lasse es fließen und höre Dir zu."

Freiheit sei in Deinem Geist. Fühle mein Licht in Dir, mein Kind, fühle die wahre Kraft Gottes in Dir. Du sollst aufgenommen sein im Himmelreich und erlöst werden von all Deiner Last.

Deine Seele kennt die Weisheit der Sprache Gottes. Erinnerung beginnt. Erinnerst Du Dich, ich sagte Dir einmal in meinem Himmelreich diese Worte? Du erinnerst Dich, dass an dem Tage Dein Heil kommen wird, an dem Du diese Worte liest, die Worte, die ich schon einmal zu Dir gesprochen habe.

Du darfst Dich wieder setzen.

Ich mache Dir nun ein heiliges Geschenk. Es ist das Zeichen der Erlösung. Ich mache es Dir im Geiste. Es ist ein Kreuz, das in einem Kreis liegt. Ich setze dieses Symbol als Zeichen, dass Du mein bist, für immer und ewig. Du kennst dieses Zeichen in Deinem Geist bereits – auf Deiner Brust. Christus hat Dich inne. Alle, die Ihr dieses Buch lest, seid für immer und ewig mein, so dass Euch niemand aus meiner Hand reißen kann – niemals. Tragt dieses Zeichen ab dem heutigen Tage und nichts kann Euch dieses Zeichen mehr nehmen.

Ich bin Horrus, Dein Bewahrer und Dein Gott, ein Teil der Schöpfung von Shomunki, Aridava, Somara. Jede Säule trägt einen Namen der Götter und das nicht nur für die Dreieinigkeit.

Ich lege nun eine Energiekuppel über Dich und gebe Dir an die Seite einen besonderen Engel, der jetzt in Dein Leben tritt.

Die Zeit ist reif, dass Du in Deiner Seele Deine wahre Aufgabe bekommst.

Dieser Engel wird Dich nun führen. Es ist Metron, der Engel des Geistes. Metron, der Engel des Geistes, hat auf diesen Tag gewartet.

Er ist der Engel des Geistes für Dich und Deine Zukunft. Er sendet Dir nun einen Engel, um Dich zu bewachen und Dich in Deine wahre Aufgabe zu weisen. Dies beginnt ab heute.
Ich bin Horrus, ich habe gesprochen.
Ich bedanke mich bei Dir, mein Kind.
Hosianna, Du bist wieder bei mir.

Erwache ganz und gar. Erwache. Du wirst ganz und gar ausgerichtet sein. Ab heute beginnt für Dich ein neues Leben, lasse Dich überraschen was geschieht.

Ein vollkommenes Sein bist Du. Jeder, der diese Zeilen liest, hat das Zeichen erhalten. Jeder, der dem Ruf seines Herzens gefolgt ist, soll in die Fülle gehen. Wir werden alle, die hier ihren Geist und ihr Herz öffnen, in die Fülle hineintragen. Mach Dir keine Gedanken um Deine momentane Situation. Sie spielt für uns keine Rolle. Du wirst nun den allmächtigen Geist in Deinem Leben erfahren, um diese unendliche Kraft Deines wahren Gottes, Deines Führers, und desjenigen, der Dich ins Leben gerufen hat, zu spüren.
So werden nun alle Energien aller Erzengel, alle Meister zu einer goldenen Kugel zusammengebracht, die Dich mit allen Energien umschließt, die Dich in die Fülle und in die Wahrhaftigkeit trägt – ein Leben lang. Merke, so wie im Unten, so im Oben, so wie im Oben, so im Unten, so wie im Links, so im Rechts, so wie im Rechts, so im Links.
Ich verabschiede mich kurz von Dir. Bleibe noch ein wenig sitzen und lasse meine kraftvolle Energie wirken, bis Du weiter lesen willst. Danke.

Euer Horrus

DER APFELBAUM

Erzengel Gabriel spricht

Ich bin, Dein Erzengel Gabriel. Ich spreche zu Dir die heiligen Worte der allumfassenden Liebe, des Ganzen, der Einheit und der Reinheit.

Ich will Dich heute, im Hier und Jetzt, in andere und neue Bewusstseinsstufen führen, damit Du erkennst, dass alles des Geistes ist. Ich stelle nun vor Deinem geistigen Auge einen Apfelbaum auf. Er ist ein Teil des Baumes des Lebens. Du fragst Dich: „Was ist der Baum des Lebens?" Wisse, was der Baum des Lebens ist und wie Du mit diesem Baum des Lebens in Kontakt treten kannst, um Geist und Seele zu erfahren. Ich möchte Dir noch ein anderes Wunder zu erklären, warum das heute nicht mehr auf diese biblische Weise möglich ist und nur damals möglich war und warum etwas Gewesenes nicht wiederholt werden kann. Es gab eine Zeit, in der Dir einer alles abgenommen hat und Heilungen geschehen sind. Es war Euer Jesus Christus auf der Erde. Ihr Menschen solltest Gott in ihm erkennen, was er alles vermag. Nun ist es aber so, dass Ihr selbst göttlichen Ursprungs seid, dass Ihr selbst in diese Kraft kommen sollt, geheilt zu sein, um andere zu heilen. Denn es steht in den Büchern des Lebens geschrieben, dass Ihr Menschen dies alles selbst tun werdet und dass Ihr Euch wieder verbinden werdet mit seiner Wahrhaftigkeit, seiner Wahrheit und dem Ganzen. Er ist mit aller Urkraft verbunden, sowohl mit der himmlischen als auch mit der des Universums des reinen Göttlichen und der Erde.

Ich werde Dir nun erklären, wie dies möglich ist. Er wusste um den göttlichen Zeitenplan. Nur, wisse, um diese Zeit damals konnte er nicht alles erklären. Er konnte nur Worte verwenden, die zur damaligen Zeit verständlich waren. Wie hat er es getan?

Wisse, der Geist steht über der Materie. Es ist alles möglich, wenn man diese Gesetzmäßigkeiten kennt und weiß, wie man sie anzuwenden hat.

Dies geschieht durch Erfahrung, nicht nur durch Worte. Darum wollen wir, dass Dein Geist versteht, wie es funktioniert.

Nun werden wir Dir weitere Schritte zeigen. Es muss viel bewirkt werden auf diesem Planeten. Du wirst nun eingeweiht in ein mächtiges Wissen Gottes, das auch Deines sein soll. Sei Dir bewusst, dass Du damit etwas Großartiges in den Händen hälst, und dass Du mit diesem Wissen für Dich selbst und für andere viel erreichen kannst.

Sehe vor Deinem geistigen Auge diesen Apfelbaum. Es ist Dein Apfelbaum. Schau Dir diesen Apfelbaum sehr genau an.

Wie sieht dieser Apfelbaum aus? Trägt er Blüten, trägt er Äpfel? Sind alle Äpfel reif? Liegen schon einige auf der Erde oder hängen alle Äpfel reif an diesem Baum?

Nun frage diesen Apfelbaum nach seinem Namen. Er wird Dir nun seinen Namen nennen, höre gut hin!

Bitte den Apfelbaum, sich nun mit Dir zu verbinden, so dass Du mit ihm energetisch eine Einheit bildest. Mit seinen Wurzeln, mit seinem Stamm, mit seinen Zweigen, mit seinen Ästen und mit seinen Äpfeln bist Du eine Einheit.

Fühle, wie Du eins wirst mit Deinem Apfelbaum. Frage jetzt den Apfelbaum, falls er Blüten trägt, was diese Blüten bedeuten: „Wie viele Blüten sind es?"

Vielleicht ist Dein Apfelbaum krank. Vielleicht hängen ein paar faule Äpfel daran oder es fehlen Blüten. Wenn irgendetwas an Deinem Apfelbaum nicht vollkommen scheint, frage Deinen Apfelbaum in Deinem Selbst – denk daran, dass Du mit ihm verbunden bist und warum er an dieser Stelle keine Blüten trägt, warum an dieser Stelle ein Ast fehlt oder vielleicht faule Äpfel an ihm hängen. Warum ist er an dieser Stelle krumm oder krank?

Dieser Apfelbaum zeigt Deine DNA, Deine momentane Situation, Dein augenblickliches Sein. Frage Deinen Apfelbaum, was ihm an diesen Stellen fehlt. Du wirst die Antwort erhalten.

Wenn er Dir gesagt hat, was mit ihm ist, frage ihn, was er benötigt, damit er an dieser Stelle gesund wird. Wenn er Dir etwas sagt, dann gebe ihm im Geiste das, was er braucht. Tue dies so lange, bis Du alles von Deinem Apfelbaum weißt und ihm alles gegeben hast, was er braucht, damit er wunderschön und gleichförmig blühen kann, in vollkommener Pracht und Gesundheit.
Vielleicht fehlt dem Apfelbaum auch an dieser Stelle ein Stück Deiner Liebe. Gebe nun in alles Liebe hinein, was Dir der Apfelbaum erzählt.
Wenn Du alles von Deinem Apfelbaum erfahren und ihm auf energetischer Ebene alles gegeben hast, was er benötigt, wächst und gedeiht er voller Freude und es ist getan. Wiederhole diese Übung vermehrt, schaue Dir Deinen Apfelbaum immer wieder an und betrachte ihn auch aus verschiedenen Perspektiven.
Ist Dein Apfelbaum gesund? – Ja oder nein?

Gehen wir zum nächsten Beispiel.
Es ist ein Ball. Ich zeige Dir nun Deinen Ball. Frage diesen Ball, wie er heißt, er ist ein Teil von Dir.
Wie viele Farben trägt er? Vielleicht hat er eine Delle? Mache es genauso wie bei Deinem Apfelbaum. Verbinde Dich mit Deinem Ball. Ist Dein Ball in Ordnung? – Ja oder nein?

Nun führe ich Dich weiter auf einer Straße entlang zu einer Lichtung.
Vor Deinem geistigen Auge siehst Du ein Haus. An diesem Haus gibt es einen Torbogen. Über diesem Torbogen steht „Zu Hause".
Gehe nun zu diesem Torbogen und fühle, ist es Dein Zuhause, das dort, auf der anderen Seite, auf Dich wartet? Wenn ja, darfst Du nun durch diesen Torbogen gehen und ankommen.
Wenn Du durch den Torbogen gegangen bist, stehen dort zwei Bänke. Setze Dich auf eine dieser Bänke. Du bist zu Hause. Du darfst Dich ausruhen auf dieser Bank.

Es kommt Dich jemand besuchen. Es ist Gaia. Sie weiß, dass Du Hilfe, Reinigung und Heilung in Deinem Herzen, in Deiner Seele und in Deinem Körper brauchst. Sie weiß auch, dass Du Jugend und Kraft brauchst. Sie weiß auch, dass Du Glück benötigst.

Sie bringt Dir eine Schale voller Früchte, eine Schale, die speziell für Dich persönlich ausgewählt wurde. Es sind die heiligen Früchte. Du kannst jetzt mit Gaia sprechen.

Nimm nun die Früchte, die Gaia Dir gibt. Gehe in Kommunikation mit ihr. Sie setzt sich zu Dir nieder. Sie spricht: „Diese Früchte bringen Dir Heilung. Nimm sie zu Dir und esse sie.“

Iss nun diese Früchte in Ruhe und genieße jeden Augenblick.

Du bist nun gestärkt. Du hast diese Früchte gegessen. Sie bringen Heilung, Nahrung, Spiritualität und Glanz in Dein Leben. Bedanke Dich bei Gaia für ihre Gaben.

Stelle nun diese Schale zur Seite und gehe weiter.

Du gehst an einem Brunnen vorbei. Darin ist das Wasser des Lebens. Trinke das Wasser des Lebens aus dem Brunnen mit dem Kelch der Wahrheit. Wen kannst Du darin erkennen?

Du darfst nun langsam wieder zurückkommen in das Hier und Jetzt.

Ich habe gesprochen.
Dein Erzengel Gabriel

DER GEISTFÜHRER

Erzengel Michael spricht

Ich bin hier, um Dir Worte der Liebe zu geben. Ich bin gekommen, um Dir den Geist Deiner Ahnen, Deiner Zukunft und Deiner wahren Geschichte zu lehren.

Viele von Euch Menschen waren in vergangenen Epochen Heiler. Alle habt Ihr Euch mit dem großen Geist beschäftigt, ob es in der Kunst war, als Lehrer, oder im Dienen, wo Ihr anderen mit Rat und Tat zur Seite gestanden seid. Manche von Euch haben sich vielleicht auch mit der Natur beschäftigt.

Ihr tragt alle sehr viel Wissen in Euch, uraltes Wissen. Ihr tragt das Wissen Eurer Ahnen in Euch. Ihr tragt das Wissen Eurer Inkarnationen in Euch.

Es ist so, dass manchmal aus diesen Generationen heraus Muster mitgenommen worden sind, Muster, die durch Deine Ahnen entstanden sind und durch das irdische Leben geprägt waren.

Das bedeutet, dass Du dreierlei Informationen in Dir trägst. Einmal trägst Du in Dir die göttlichen Informationen, die Du aus dem Geist erhältst, wenn Du bei uns bist, dann trägst Du Muster aus Deinen eigenen Inkarnationen in Dir, die sowohl lehrreich und wissend als auch schädlich und karmisch sind. Des Weiteren trägst Du durch Deine DNA Informationen in Dir, die auch geistige Informationen Deiner Ahnen sind.

Viele dieser alten Muster sind bereits ausgeschleust worden, so dass diese irdischen Informationen nicht mehr vorhanden sind, sondern nur noch die rein göttlichen Informationen Deines Lebens in das Hier und Jetzt einfließen.

Es geht hier um Ahnenschwingungen und um karmische Schwingungen, Informationen und Muster. Karma bedeutet nicht nur negativ, sondern auch positiv.

Ich wünsche für Dich, dass Du geistige Nahrung erhälst. Geistige Nahrung bedeutet Energie und Wissen aus der Geistigen Welt, denn dort sitzt die wahre Intelligenz Deines Seins, dass Du geistige

Nahrung erhälst aus Deinem eigenen Geist. Denn Dein Geist ist allumfassend.

Nun zählen nur noch die positiven geistigen Errungenschaften, denn das Alte ist nicht mehr wichtig, auch wenn es noch in Dir mitschwingt. Dies ist aber keine Bestrafung, sondern es schwingt einfach nur in Dir.

Es gibt Dinge, die Du selbst auf der anderen Seite nicht ablegen kannst, die Du aus persönlichen Gründen in Deinem Bewusstsein halten willst, für Deinen individuellen Lebensplan, Deine Anknüpfung und Dein Lernen. Diese sind wie die nächste Seite eines Buches.

Doch wir wollen hier diesen ewiglichen und immerwährenden Fortsetzungsroman abschließen. Wir wollen dieses Buch schließen. Wir wollen das nächste Buch beginnen, das geistige Buch, Deines geistigen Wachstums.

Ich führe Euch nun zu Deinem geistigen Führer.

Sehe vor Deinem geistigen Auge den Sternenglanz. Wir nennen diesen Sternenglanz Shakti. Dieser Sternenglanz steht vor Dir.

Hinter diesem Sternenglanz verbirgt sich Dein Geistführer. Dein Geistführer bittet Dich, in diesen silbernen Sternenglanz einzutreten. Es herrscht Reinheit.

Er sitzt dort auf einem Stuhl an einem Tisch.

An der hinteren Wand siehst Du viele Bücher, es sind Deine Bücher, es sind die Bücher Deines Lebens und aller Lebenspläne bis zum heutigen Tage. Du kannst eintreten.

Dein Geistführer fragt Dich ganz bewusst: „Willst Du das alte Buch Deines Lebens abschließen – jetzt und für immer hinter Dir lassen? Bist Du nun bereit, alles Alte loszulassen? Oder möchtest Du noch irgendetwas erleben, noch einmal wiederholen? Hängst Du noch an irgendetwas Altem? Wenn Du noch an irgendetwas Vergangenem hängst, ist es schwierig, das Buch abzuschließen. Wenn Du jetzt das alte Buch abschließen möchtest, dann antworte in Deinem Geist mit „Ja".

Dann sprechen wir in Deinem Geist nun die Worte: „Alles Vergangene löst sich im Licht auf. Alles Vergangene ist Vergangenheit und wirkt nicht mehr auf mein Leben. Es wirken weder die DNA noch geistige Dinge, denn alles ist Vergangenheit. Ich fange nun neu an, fange neu an mit dem geistigen Licht und dem geistigen Wissen."

Sage nun Deinem Geistführer, er kann das Buch schließen – wenn Du das wünschst.

Er legt es auf die Seite und er fragt Dich nun: „Willst Du, dass wir all die alten Bücher verbrennen? Im göttlichen Reich sind diese Bücher und dieses Wissen neu verankert. Es soll in Dir verbrannt werden. Möchtest Du, dass wir Deine Bücher verbrennen, dass sie für immer gelöscht sind und Du im Geiste wirklich neu beginnen kannst? Wenn Du dies wünschst, sage jetzt „Ja", so können diese alten Bücher verbrannt werden.

Nun werden wir dies jetzt tun. Wir werden das göttliche Feuer, das alles, was nicht in Deinen göttlichen Geist gehört, auslöschen, neu entzünden und in Dir brennen lassen.

Dein Erzengel Michael

**Vielen Dank,
meine Lieben für Eure Geduld und Eure Lernbereitschaft.**

Ich kann mir lebhaft vorstellen, dass es in Eurem Gehirn hier und da raucht und Eure Synapsen wie Tentakeln nach neuen Verbindungen suchen.

Lasst mich anhand des Beispiels des Channelings Christus Sananda „Aufruf" beschreiben, wie ich als „Sekretärin Gottes" arbeite.

Da kommt der Begriff „Posaune Gottes" vor. Eine allgemein gängige, allegorische Darstellung in vielen bekannten, christlichen Schriften. Auch dort hat dieses Symbol unterschiedliche Bedeutungen, je nach Zusammenhang, aber immer gleich im Ursprung. Gibt mir nun die Geistige Welt das Bild, den Ton oder einen anderen Hinweis auf eine Posaune, sind gleichzeitig alle Informationen aller Ebenen sofort in mir. Das heißt, ich könnte umgehend ein Buch füllen mit der Überschrift „Die Posaune, ihre wahren Bedeutungen in der Geistigen Welt."

Wird die Posaune von jemandem geblasen? Wenn ja, aus welcher Richtung, in welche Richtung… und noch vieles mehr. Ich zerlege diese Bilder nicht und erkläre sie mir auch nicht über meinen Intellekt. Das gesamte Wissen über diesen himmlischen Kontext senkt sich augenblicklich als klares Wissen in mich.

Und jetzt darf ich mich hinsetzen und all dies zu Papier bringen, in einzelnen Buchstaben, in Sätzen und Abschnitten. Ich kann Euch sagen, das ist manchmal eine nervenaufreibende Angelegenheit, vor allem für meine irdischen Mitarbeiter, denen ich innigst für ihr liebevolles Verständnis danke.

Zum krönenden Abschluss saßen wir dann auf einem Straßenfest und ich hatte den letzten freien Platz ganz nah am Posaunenspieler.

Lady Nada spricht

Ich bin Lady Nada.
Ich werde Dich nun im göttlichen Feuer unterstützen.

Liebesenergie fließe ein in Dich, in Deine Hände, durch Deine
Arme, in Dein Herz, durch Deinen Kehlkopf, in Deinen Mund, in
Deine Nase, in Deine Augen, in Deine Ohren und Dein Gehirn. Sie
fließe ein in alle Chakren und jede Zelle.
Wir verbrennen alles, was nicht in hoher göttlicher Schwingung
ist. Erlöst sollst Du sein, mein Kind, aus alten Fugen, aus altem
Wissen, aus krankmachenden Gedanken, aus krankmachenden
Zellen, aus krankmachenden Erinnerungen. Alles soll im heiligen
Feuer gelöst sein.
Gib nun alles ab im heiligen Feuer.
Gesegnet sollst Du sein, mein Kind.

Die Loslösung beginnt. Die Eroberung Deines Herzens geschieht.
Die Reinigung der Moleküle geschieht. Göttliches Licht ersetzt
Schwermut und schwere Energien. Wahrheit und Wahrhaftigkeit
werde in Dir lebendig. Großmut und Sanftmut erwachen in Dir, in
Deinem Herzen und in Deinem Geist. Weihung und Reinheit ge-
schehen. Reinheit ist Barmherzigkeit, ist Vollkommenheit. Vollkom-
men sollst Du sein in Deinem Geist. Rein sollst Du sein in Deinem
Geist. Du wirst gewaschen und ausgerichtet.

Erzengel Michael kommt nun hinter Dich, reinigt Deinen Geist und
Deine Seele und löst Dich im göttlichen Feuer ganz von allen alten
Mustern und allen Programmierungen.
Sananda wird stärker in Dir.
Du bist nun erlöst von all diesen Dingen. Erwache zu neuem Le-
ben, mein Kind und freue Dich jeden Tag Deines Lebens. Genieße
die Natur und die Energie dessen, was fließt.

Wir bedanken uns und schweigen.

Erwache langsam aus dieser Reinigung. Das neue Buch beginnt, wird aufgeschlagen und wird von nun an neu geschrieben, das alte Buch gibt es nicht mehr.

Stehe auf und gehe in ein neues, geistiges und bewusstes Leben. Es ist eine Neugeburt in Dir.

Dein Buch des Lebens wurde damals noch mit schwarzer Schrift geschrieben, die göttlichen Bücher dagegen mit goldener Schrift. Dieses neue Buch ist heute das Geschenk an Dich.

Es ist geweiht und gesegnet. Es ist Dein.

Deine Lady Nada

ÄNGSTE

Erzengel Raziel spricht

Ich spreche heute zu Dir – Ich bin Erzengel Raziel.
Ich möchte heute zu Dir kommen, um Dir verschiedene Gesetz-
mäßigkeiten der Geistigen Welt und der geistigen Wahrheiten zu
übermitteln.
Was ist Angst? Woher kommt Angst?
Wieso ist es in der Geistigen Welt anders als auf der Erde?

Es geht zunächst um Sicherheit. Ein Säugling wird geboren und
benötigt Schutz und Wärme von der Mutter und vom Vater. Ohne
diese könnte ein Säugling nicht existieren, auch nicht ohne die
Versorgung, die Liebe und die Wärme der Eltern oder eines anderen Erwachsenen.
Das bedeutet Sicherheit und Geborgenheit. Was würde mit diesem
Säugling geschehen, wenn man ihm diese Geborgenheit, diese Sicherheit wegnehmen würde? Er würde sterben. Dieser Gedanke
verursacht Angst.
Die Menschen haben vor vielem Angst. Doch welche Angst ist es
in Wirklichkeit? In Wirklichkeit ist es immer noch dieselbe Angst,
die auch ein Säugling in sich trägt. Es ist die Angst, allein zu sein.
Es ist die Angst, ohne Wärme zu sein, ohne Essen, ohne ein Dach
über dem Kopf, ohne Nahrung.
Denn dies sind die Grundbedürfnisse der Menschen. Auch ein er-
wachsener Mensch braucht all dies. Jeder erwachsene Mensch
braucht Wärme, braucht jemanden, mit dem er reden kann, jemanden, der ihn liebt, wobei es nicht um Partnerschaft geht, sondern um das Verstehen des anderen Menschen. Es kann ein guter
Freund sein, eine Freundin, eine Nachbarin. Wichtig ist, dass der
Mensch sich angenommen, verstanden und geliebt fühlt, in seiner
Seele, in seinem Sein. Alles andere macht ihm Angst. Der Mensch
wird unglücklich, wenn er diese Kontakte nicht hat.
So verhält es sich mit Deinen Lebensmitteln, mit Deiner Wohnung,

mit Deinem Fahrzeug. Du benötigst all diese Dinge, um nicht zu stolpern und um überhaupt zu existieren. Es ist Existenzangst, die Du hast.

Du hast in Wirklichkeit nicht nur Angst vor Krankheiten. Es keimen andere Ängste in Dir auf, wenn Du eine Krankheit hast. Dadurch, dass Du das tägliche Leben nicht mehr so gestalten kannst wie Du willst, bist Du auf Hilfe angewiesen. Du begibst Dich in eine Abhängigkeit. Man ist auf den guten Willen anderer Menschen angewiesen. Man ist darauf angewiesen, dass man versorgt wird, dass man ein Dach über dem Kopf hat und dass man das bekommt, was man zum Leben benötigt. Das sind Ängste.

Es sind Grundbedürfnisse. Allein das Wissen, dass es so sein könnte, macht Dich ängstlich und traurig, denn es geht um Dein Überleben. Dies ist auch das Grundbedürfnis eines jeden Säuglings. Diese Bedürfnisse hat jeder, egal, ob klein oder groß.

Nun, wie ist es mit dem Übermaß? Warum beginnen Menschen, im Übermaß zu leben? Dinge zu haben, die sie nicht benötigen, um zu leben?

Natürlich willst Du nicht nur existieren. Du willst leben und das Leben genießen, und Dein Leben positiv gestalten. Der Mensch beginnt, immer mehr haben zu wollen als der andere, nur um sagen zu können: „Schau doch mal, was ich hier alles habe."

Der Mensch beginnt zu messen. Er misst sich an anderen: „Ich bin besser als du, ich habe ein größeres Auto. Ich bin besser als du, ich habe ein abgeschlossenes Studium. Ich bin besser als du, ich habe ein großes Haus. Ich bin besser als du, ich habe ein Boot, und schau, ich werde dafür bewundert!"

Du siehst, wie sich diese Energien verwischen können. Das Tragische daran ist, dass Du beginnst, Dich zu messen. Wenn alle Menschen darauf ausgerichtet wären, dass jedes Wesen, das auf diesem Planeten geboren wird, ein göttliches Geschenk ist, dann würde es zur Normalität gehören, dass jedes Wesen etwas lernen und sich entwickeln möchte. Jedes Wesen bringt seine eigenen Talente und sein eigenes Bewusstsein aus früheren Inkarnationen mit, sowohl durch die Ahnen als auch durch uns. Mit einer derartigen Bewusstheit würde man es als absoluten Diamanten ansehen und nicht nur als Säugling. Man würde jedes Wesen als einmaligen Engel Gottes ansehen, der wieder zurückkehrt in die Einheit. Es wäre ein Engel, so wie wir es sind, der die gleichen Erfahrungen hatte wie Du.

Es würde jeder Mensch das Bedürfnis haben, ob es nun sein eigenes Kind ist oder nicht, sich um dieses Kind zu kümmern, würde es lieben, pflegen und versuchen, diesem Kind alles zu geben, was möglich ist, bis es einen gewissen Reifungsprozess erreicht hat, um eigene Wege gehen und sich entwickeln zu können. Manche bleiben, manche gehen und manche müssen neue Erfahrungen machen.

Doch die Grundversorgung ist unumgänglich und das Bewusstsein, dass jeder Mensch zu sich selbst „Ja" sagen muss, bleibt. Die Einstellung: „Ja, du benötigst das und wenn du es nicht bekommst, so fühle ich mich im Falle, dass ich mehr habe als Du, verantwortlich, Dir zu helfen, damit Du das Benötigte bekommst." wäre ideal.

Wenn jeder Mensch auf diesem Planet so handeln würde, wäre dieser Planet wunderschön. Es wäre schön, wenn sich niemand in materiellen Dingen mit anderen messen würde. Denn der Reichtum liegt in Deinem Herzen und in Deiner Seele. Ihr Menschen könntet so vieles mehr bewirken. Natürlich könnt Ihr schöne Gebäude bauen, schöne Schiffe, aber warum sich daran messen? Könnte der Mensch nicht andere auf diese Schiffe einladen, sie teilhaben lassen an seinem Reichtum? Denn nur, wenn Du andere an Deinem Leben teilhaben lässt, erfährst Du inneren Reichtum. Teile mit einem anderen Menschen, der weniger hat als Du, dann wird das „Wir" geboren! Erst, wenn das „Wir" auf diesem Planet geboren worden ist, werdet Ihr Menschen beginnen, eine göttliche Einheit zu werden, das „Wir" – von dem, der gibt, von dem, der empfängt.

Es liegt am Bewusstsein der Menschen. Es liegt auch daran, dass der Mensch bisher nicht den Mut hatte, seine Gedanken und seine Gefühle in Worte zu fassen, weil er Angst hat, man könnte ihn belächeln, man könnte ihn nicht ernst nehmen.
Viele Menschen tragen verschiedene Ängste in sich. Sie fragen sich: „hört mir überhaupt jemand zu, werde ich weggestoßen, darf ich nicht den Mut haben zu sprechen, werde ich belächelt, werde ich ernst genommen, was fühle ich, was weiß ich, was habe ich in meinem Leben noch nicht gelernt?" – und anderes mehr.
Viele Eurer Brüder und Schwestern tragen diese Ängste noch in sich. Würden sie an sich glauben, hätten sie diese Angst nicht. Sie würden voller Überzeugung ihre Wahrheit vertreten! Das ist gesund!

Die Frage ist, gehört werden zu wollen oder gehört zu werden. Der Unterschied liegt darin, Themen, wie ein Lehrer, einem anderen zu übermitteln, eigene Erfahrungen mitzuteilen, als weiser Mensch zu sprechen. Du wirst Gehör finden, wenn Du Weisheit in Dir trägst, an Dich glaubst, dass Du ein erfahrenes Wesen bist. Denn jeder Mensch hat eine ureigenste Geschichte – ein Buch des Lebens, das so großartig ist und so viele Facetten besitzt, dass es in unserem Reich, in den hohen Regionen, großzügig belohnt wird, wenn die Menschen wieder bei uns angekommen sind.
Warum solltest Du Dich klein fühlen? Lasse Dir nicht das Wort verbieten, Deine Meinung, Deine innere Erfahrung zählen. Du brauchst niemanden zu überzeugen, denn Du bist überzeugt und weise. Spreche davon, wie Du fühlst. Spreche, wie Du über bestimmte Dinge denkst. Sage ehrlich Deine Wahrheit. Wenn Du Deine Wahrheit sagst, ohne dass Du andere überzeugen willst, so hört der oder die andere Dir zu und wird Dir vielleicht seine Wahr-

heit erzählen. Ihr werdet Euch dadurch verbunden und in Einheit fühlen, das „Wir" wird geboren!

Darum wisse, wie etwas geschieht! Du hast es auf diesem Planet erlebt, Du weißt auch, warum es geschieht, weil die Menschen nicht ihre Wahrheit gesagt haben. Es geht um Deine Wahrheit, um Deine Seele, um Deine Betrachtungsweisen.
Spreche über Deine Wahrheit. Teile Dich den anderen mit und sage: „Ich bin darum so oder so. Ich sehe die Dinge aus diesen und jenen Gründen so." Die anderen werden sich Dir öffnen und Dir erzählen, was sie erfahren haben. Wie großartig ist es, wenn Du beginnst, mit dieser Kraft zu arbeiten, Deines Lebens froh zu sein und somit Dein Licht nach außen zu tragen. So werden auch die anderen beginnen, ihr Licht nach außen zu tragen. Noch tragen sie ihr Licht in sich, aber auch sie lernen.
So kommt ihre Wahrheit ans Licht, alles wird auch mit Fehlern lichtvoll und es geht in die Tiefen.
Viele trauen sich nicht zu, ihre Wahrheit zu sagen, weil sie Angst haben vor Verletzung. Hast Du Angst vor Verletzung? Spüre einmal diese Kraft in Dir und spreche über Deine Wahrheit. Es kann Dich niemand verletzen, weil Du so in Dir verankert bist, dass dies nicht geschehen kann. Du wirst diese Kraft und dieses Licht ausstrahlen und Du wirst diese Weisheit und die Weisheit des anderen in Dir spüren.
Natürlich wirst Du immer wieder in Dein altes Muster gehen. Doch wenn Du wirklich ehrlich bist, wenn Du auch über Deine Schmerzen sprichst, dann werden Deine Gegenüber sich vielleicht öffnen. Und dies wird geschehen.
Ergreife bei jedem Menschen, bei dem Du die Gelegenheit hast, einfach über Dich und Deine Wahrheit zu sprechen, die Chance, dies zu tun. So öffnet auch er sich, und der Mensch wird von Dir gelernt haben.
Nun sehe Dein Licht. Wenn Du in diesem Licht bist, bist Du ohne

Angst, Du bist ohne diese Grundexistenzängste, Du bist erfüllt in Deinem Geist und spürst, welche Kraft fließt. Du weißt, Du musst vor nichts Angst haben. Der Geist gibt Dir, was Du benötigst. Wie auch immer es im Moment im Außen aussieht, er wird es Dir geben.

Ihr Menschen denkt oft unbewusst in geistigen Blockaden: „Woher soll denn die Hilfe kommen?"
Das ist normal, natürlich und menschlich. So reagiert der Mensch. Dies wird von unserer Seite nicht beanstandet, wir wissen das. Wir wollen euch Menschen nur helfen, wie Ihr mehr in Eurer Mitte bleiben könnt, um mehr Segnungen von uns Engeln, Eurem Gott und Eurem Christus zu erfahren, damit Ihr ohne Angst leben könnt! Das möchte ich euch Menschen auf den Weg geben.
Übe es und es wird Dir immer mehr gelingen, diese Kraft in Dir zu fühlen, denn in diesen Momenten werden wir uns mit Dir verbinden, umso lichtvoller und wahrhaftiger Du in Deinem Wesen als Mensch bist. Niemand von Euch ist vollkommen und das kann durch diese menschlichen Erfahrungen auch nicht sein. Ihr Menschen seid feine Wesen voller Herz und Schmerzen. Wie solltet Ihr vollkommen sein? Ihr seid vollkommen in Eurem Geist und in dem, was Ihr wirklich seid, nur da seid Ihr vollkommen.
Alle Menschen werden unendlich geliebt, geachtet und geehrt von uns. Diese Worte nehme bitte in Deinem Herzen auf. „Wir lassen Dich niemals fallen, es sei denn, Du lässt Dich selbst fallen." Wenn Du aufgibst, Dich selbst aufgibst, können wir nicht mehr viel für Dich tun. Denn Du hast einen freien Willen. Doch wir werden immer versuchen, Dich in solchen Momenten wieder auf den Weg zu bringen. Wenn Du Dir selbst nicht mehr vertraust, stehe zu Deiner inneren Wahrheit, so wie es die Engel und Dein Gott mit Dir tut und so solltest Du es auch Dir selbst gegenüber tun. Wie sollte man Dich dann nicht sehen? Die Sprache Gottes und des Lichts ist wahrhaftig. Nur so können Missverständnisse aus dem Weg geräumt werden. Der Mensch hat die Möglichkeit, wenn er es wünscht, sich

zu verändern, dies zu tun. Natürlich kann es sein, dass es ohne Resonanz bleibt. Dann gehe andere Wege, treffe wieder auf Deine persönliche Resonanz. Es wird Dir auf eine andere Weise mitgeteilt. Irgendwann bist Du so weit, Deine eigene Wahrheit und die der anderen anzunehmen. Dies kann nur mit einer beidseitigen Öffnung geschehen. Es genügt nicht, wenn Du offen bist. Der andere sollte es auch sein. Nur so kann Heilung geschehen. Die Zelle absorbiert Licht, sie strahlt Licht aus und sie ist Licht. Sie nimmt das Licht des anderen wie eine Information auf. Zwei Menschen können sich, wenn sie sich öffnen, heilen, weil sie beide Licht sind, auch wenn sie Schmerzen und Arges in sich tragen, Ihr Menschen werdet ihn dahinter in seinem Licht erkennen. Darum trennt sich jeder Mensch, der sein Licht verbirgt, selbst von anderen Menschen und vom Licht der Einheit ab.

Ich habe gesprochen. Bis zum nächsten Mal.
Euer Erzengel Raziel

Erzengel Raphael spricht

Ich bin Erzengel Raphael. Ich bin der Geist des EINEN und komme aus dem Ursprung des Lichts.

Nahrung möchte ich Dir heute geben, Nahrung für Deinen Körper, für Deinen Geist und für Deine Seele. Ich bin gekommen, um Dein Herz zu erwärmen und mich mit Deinem Herz, mit Deiner Seele und Deinem Geist zu verbinden. Du sollst wissen und fühlen, wie sehr Du geliebt wirst, was allumfassende Liebe und allumfassender Geist des Wissens bedeutet. Denn nur aus den Sequenzen des Allmächtigen ist wahre Liebe, pure Heilung und Glanz möglich. Vergesse nicht, Du bist aus dem Ursprung gekommen. Du bist Ursprung. Das Göttliche ist das Eine und aus dem Einen folgen alle Facetten des Seins. So wisse, Du bist Sein. Sein aus dem Ursprung Gottes, entsprungen aus einem Funken. Ein Funke aus der Wahrhaftigkeit des Großen Ganzen und des Wissens. Ist der Funke wieder angeschlossen, so trägt er alles Wissen aus dem Geist Gottes in sich. Frage Dich, wenn Du denkst, Du bist klein: „Wie könnte dies sein?" Du bist groß und großartig, denn Du bist aus dem Ursprung, aus dem Geist Gottes. Du bist aus dem Bewusstsein geboren, in die Vergessenheit gegangen und Du wirst wieder an das Bewusstsein angeschlossen werden. Es wird Tage, Monate und Jahre geben, in denen Du wieder voll und vollkommen mit dem Geist verbunden sein wirst, verbunden in hohem Glanz, Licht und aller Farbenpracht. Du wirst in einer Einzigartigkeit strahlen und erblühen. Es ist unvorstellbar schön. Du wirst im Geiste mit anderen verbunden sein und automatisch das tun, was das Göttliche möchte. So will ich Dich mit dem Glanz, der Blume des Lebens, der Sonne, der reinen Herzen und der Gottesblume segnen. Die Gottesblume ist einzigartig, sie ist etwas, was noch nie auf dieser Erde verschenkt wurde. Die Gottesblume ist noch größer und prächtiger als dieses Universum. Wir schenken Dir die Gottesblume und setzen die Gottesblume in Dein Herz.

Vom Irdischen her betrachtet ist sie so etwas Ähnliches wie eine Margerite. An dieser Gottesblume hängen alle Universen, die mit diesem Universum zusammenhängen. In der Mitte ist das Bewusstsein, das alles erstrahlen lässt und woraus die einzelnen Blütenblätter erblühen. Du bist die Zelle eines Blütenblattes. Du musst Dir vorstellen: Gott ist in sich selbst autark, er ist wie eine Zelle. Nun stelle Dir eine Zehe an Deinem Fuß und darin eine Zelle vor. Das ist ein Teil des göttlichen Bewusstseins. Es ist Gott, der alles umfasst, der das Bewusstsein trägt, hier eine Zehe zu sein. So groß ist er. Nun stelle Dir eine andere Zelle vor, die im Auge sitzt und ein Teil des Auges ist. Auch dies ist Gott. Nun stelle Dir das Ganze in einem ganzen Wesen vor und darin jede Zelle und jede Zelle ist ein eigenes Universum. Stelle Dir vor, wie unterschiedlich dieses Universum beschaffen ist. Stelle Dir ein anderes Universum vor, in dem sämtliche Facetten der Möglichkeiten herrschen, wie es in verschiedener Form hätte sein können und ein vollkommenes Universum, wie es auch irdisch gestaltet ist – doch in göttlicher Form.

Denke an die Reinheit Gottes, an die Absolutheit, an die Heimat der Engel. Stelle Dir vor, Du würdest heute Außerirdischen begegnen, die von einem ganz anderen Teil des Universums kommen. Wie würden sie aussehen? Wieviel Vielfalt würdest Du erkennen? Du könntest sie nicht verstehen, Ihr Menschen, die Ihr vom Zeh des Universums kommt und die, die vom Auge des Universums stammen. Nun sage ich Dir, woher Du kommst und zu welchem Teil des Universums des großen Gottes Du gehörst. Du kommst vom Auge Gottes. Nun wisse, wie groß die Verantwortung für Dein Bewusstsein ist und warum Du so schön gestaltet wurdest. Es gibt unterschiedliche Wesen, es gibt auch Wesen – wenn man es so beschreiben möchte, so dass Ihr Menschen es verstehen könnt. Nun kannst Du Dir einigermaßen vorstellen, wie vielfältig und großartig die Wesenheiten Gottes sind und wie vielfältig die verschiedenen

*Universen sind. Eines Tages wirst Du dies alles wieder verneh-
men, da der Eine das Ganze ist, und Du ein Teil des Ganzen bist,
so wiederum bist Du das Ganze. Man kann alles miteinander verbinden. Es ist miteinander verbunden, es wird immer weiter zusammengebracht wie ein Puzzle. Darum ist es so, dass alles, was
gesprochen wird, eine Erinnerung ist. Du weißt es bereits, Du
könntest es sonst nicht bejahen. Deine Seele kennt diese Worte
und dieses Wissen – Deine Seele sagt „Ja" dazu. Alles, was Du erfährst, weißt Du schon längst tief in Deinem Inneren. Es ist jedes
Mal ein „Aha, ich habe es doch gewusst, es ist so."*
*Darum sind es heilige Worte, heilige Worte, die Deine Seele erkennt.
Deine Seele kommt aus der Wahrhaftigkeit. Nun will ich Dich segnen
– Dein wahres Sein in Dir, Deinen Geist und Deine Seele. Ich will
über Deinen Geist und Deine Seele zu Dir kommen und meine Heilenergien durch Dich fließen lassen, was über Deine Seele und Deinen Geist geschieht. Ich lasse die Energie durch Deinen ganzen Körper fließen, in Deine Hände hinein und durch Deine Fußsohlen. Ich
verbinde Dich mit der Blume des Lebens, der Erde und der göttlichen Blume des Lebens und damit dem Allumfassenden, das glänzt,
blüht und eine energetische Einheit bildet. Ich segne nun alles, was
in diesem Raume ist, anhaltend und haftend mit hoher Energie und
Glanz. Ich lasse nun die Energien fließen – ich lasse sie nach außen
fließen in Dein Herz. Ich lasse sie fließen in alle Herzen des Seins.
Alle Herzen, die diese Energien nun auf dieser Erde empfangen können, sind bereit und warten auf diesen Tag. Auch wenn sie nicht hier
sind, so werden wir sie erreichen. Wir erreichen auch Deine Kinder,
die zu Hause sind und Deine Verwandten und alle, die jetzt emp-
fangsbereit sind, sowie all jene, die als Seelen auf einen Segen in
dieser Welt warten. Alle werden nun diesen Glanz und Segen erhalten. Es wird niemand auf diesem Planeten ausgeschlossen, auch die
Pflanzen und die Tiere bekommen diesen Segen. Alle, die bereit für
diese Energien sind, erhalten sie jetzt. Alle Gegenstände und alle
Menschen erhalten sie, egal, an welchem Ort sie sich befinden.*

Danke dem Schöpfer in dem Bewusstsein der Blume, der großartigen Liebe und dieser Kraft, dass es heute möglich ist, alle Menschen in ihren Seelen und Herzen zu segnen, damit sie alle in das Heil und die Heilung kommen. Dies soll auch alle wartenden Seelen, draußen und hier drinnen, erreichen, so dass sie alle den Weg ins Licht finden. Du und ich schicken die Energie weiter ins Universum und tief in die Mutter Erde hinein, zur Heilung des Ganzen und des Friedens, so dass alles wieder nach oben angeschlossen wird. Diejenigen, die diese Energie noch nicht aufnehmen können, werden von dieser Energie gestreift. Damit beginnt die Energie, an ihnen zu arbeiten, so dass alles gesegnet ist und alles den Weg zurückfindet, zum wahren Ursprung und zum wahren Leben.

Ich, Erzengel Raphael, möchte somit meinen Brüdern und Schwestern, allen Erzengeln, Sananda und allen aufgestiegenen Meistern, danken, die Jahrhunderte und Jahrtausende hindurch gearbeitet haben, um das Ziel der Rückkehr einzuleiten. Und ich sage Euch, es ist bald so weit, dass die Ersten von euch Menschen immer wieder starke Schwingungen wahrnehmen werden, bei denen sie das Gefühl haben, nicht mehr im Hier und Jetzt zu sein. Du wirst Dich fragen: „Wie soll das nur funktionieren, dass wir aufsteigen?" Es geschieht im Bewusstsein der Menschen. Umso mehr Menschen wieder im göttlichen Bewusstsein, im wirklichen Bewusstsein der Wahrheit, der Freiheit, des Glücks und der Freude, die unvorstellbar groß ist. angekommen sind und umso mehr Menschen dies fühlen, desto schneller können wir aufsteigen und wir werden aufsteigen. Es werden jeden Tag mehr, jeden Tag. Fürchte nicht um Deine Angehörigen. Unsere Liebe ist sehr groß, wir kennen Dein Herz. Wisse, Dein Sananda schaut in Dein Herz und er lässt Dich nicht zurück. Sei Dir dessen gewiss! Darum sendet er nun speziell an all die Lieben, die Du zu Hause hast, seine Energie in deren Herzen. Er sendet sie an all Deine Freunde und an alles, was Du liebst, denn die Liebe kommt von ihm. So hast Du sie gerettet. Deine Hände haben nun große Heilkraft, die Heilkraft der Lotusblüte, die

Heilkraft der göttlichen Sonne, der göttlichen Blume des Lebens und des wahren Seins. Es ist die Liebe Gottes, die durch Dich strömt. In Deinen Händen gibt es Chakren, durch die wir Energie, Heilenergien, fließen lassen. Arbeite auch Du mit Deinen Händen, wie es schon Christus getan hat und bitte einfach um die Liebe Gottes und danke für all die Energien, die Du empfangen hast. Tue es bewusst und die Energie geht weiter. Alles, was göttlich ist, ist Heilung und Licht. Glaube an Deine Kraft und an die Wunder, die Du tun kannst und tun wirst. AMEN.

Ich verabschiede mich von Dir in großer Liebe, wir Engel freuen uns alle, wenn wir Dich eines Tages in unserem geistigen Reich wieder in die Arme schließen dürfen, denn auch wir haben Sehnsucht nach Dir, so, wie Du Sehnsucht nach uns hast.

Dein Erzengel Raphael

Erzengel Haniel spricht

Ich bin Erzengel Haniel. Dein Bruder. Du kennst mich. Auch ich möchte noch kurz zu Wort kommen und Hosianna sagen. Hosianna ist der Gruß Gottes und die Freude bei uns, zu Dir sprechen zu dürfen, Dich willkommen zu heißen bei uns, in unseres Vaters Haus, in unserem Heim, das auch Dein Heim ist. Es existiert eine große Verbundenheit zwischen Dir und uns Engeln. Wir wollen uns nur wieder mit Dir verbinden und das in großer Freiheit, Wärme, Licht und Liebe. Glaube, dass wir Euch jeden Tag vermissen. Darum tun wir alles, um uns wieder mit Dir zu verbinden. Dies soll geschehen, so, wie Du dies selbst auch wünschtst.

Ich danke Dir, dass ich Dich wieder in die Arme schließen darf, denn es ist schrecklich ohne Dich. Es macht uns Engel genauso traurig, wie es Dich traurig macht, ohne uns zu sein. Wisse, wir Engel vermissen Dich, wenn Du nicht da bist und freuen uns, wenn Du Dich einschwingst. Ich sage noch einmal Hosianna.

Dein Erzengel Haniel,
Bis zum nächsten Mal.

Horrus spricht

Ich bin Horrus und ich sage Euch, ich habe Euch erreicht. Ich bin hier, um Dich zu reinigen, zu segnen und zu weihen, denn Du bist Eins mit mir und Christus Sananda in Deinem Herzen und Eins mit dem kosmischen Strahl des Lichtes. Du wirst mich vermehrt wahrnehmen. Ich werde fügen, ich werde führen. Öffne Dich nun meinem Strahl. Ich spreche aus den Höhen der goldenen Energie, der Reinheit, des Glanzes und in der Erwartung, in der Du dieses Buch ließt. So will ich Dein Herz frohlocken sehen. Aus diesem Grund will ich Dein Sein in das Ganze führen und Dein Werde kreieren.

Du bist ein Wesen des Lichtes und auf der Erde in einem Spiel angekommen, denn die Kinder der Erde spielen. Ich will Dich zur Wahrhaftigkeit führen. Dies bedeutet für Dich, in Deiner Mitte ankommen, in Deiner Kraft ankommen. Glaube an Dich, glaube an das, was Dir Dein eigener Geist vermittelt. Glaube an Deine Zukunft, glaube an Deine Gegenwart, glaube an das, was Du Dir wünschst und glaube an das, wie es sein soll. Denn das, was Du tief in Deinem Herzen glaubst, wird zur Gewissheit. Wenn etwas in Deinem Herzen und in Deinem Geist zur Gewissheit geworden ist, wenn Du in Deinem wahren Inneren sprechen kannst: „Ich weiß, dass es so ist.", und wenn Du es in Deinem Inneren fühlen kannst – in Gewissheit – wisse, so wird es geschehen! So lernst Du nach und nach, Deinem wahren Inneren immer mehr zu vertrauen. Und Du lernst, immer stärker und stärker Deinem inneren Wissen zu vertrauen. Du lernst Dich selbst zu reinigen und um Reinigung zu bitten. Du bittest um innere Reinigung und all das, was Du Dir wahrhaftig wünschst und wahrhaftig in Dir fühlst, was in der Gewissheit in Dir verankert liegt. So wirst Du sehen, dass dies Realität wird und Du erfährst, dass alles, was in Dir liegt, richtig ist und in die Kraft kommt. Denn nur dort, an diesem inne-

ren Punkt, ist die Realität aus unseren Regionen auch Deine. Dort liegt Deine wahre Kraft. Dort, in diesem inneren Kern fühlst Du die Einheit, die Einheit mit allem, was da ist, fühlst den Engel in Dir. Dort kannst Du Dein wahres Ich erfahren. Du sprichst zu Dir selbst: „Ich kenne mich." Dies ist richtig, doch Dein wahres Selbst, Dein göttliches Sein kennst Du zum Teil noch nicht. Ich will Dich zu Dir selbst führen. Ich will Dich zu Deinem wahren göttlichen und in Deine Urkraft führen – in Deine Engelskraft. Dies ist mein Geschenk an Dich und an alle, die Ihr Menschen heute dieses Buch lest. Du und alle anderen werden dies in diesen Tagen das erste Mal starke Kraft erfahren. Ihr werdet Eure göttliche Kraft fühlen. Ihr werdet Eure Wahrhaftigkeit fühlen und Ihr werdet die Verbundenheit und Einheit mit mir fühlen.

So sei gesegnet, mein Kind. Fühle mein Geschenk und Deine wahre Engelskraft. So soll es sein. In dieser Energie wirst Du aufgeladen und alles was Du in dieser Energie wünschst, alles, was Du in den nächsten Tagen als inneres Aha-Erlebnis empfindest, wird Realität.

Ich bedanke mich bei Dir.
Dein Horrus

Christus ¸Sananda spricht

„Ich führe Dich und ich rette Dich."

Sananda, Christus Sananda, das bin ich, der heute zu Dir, mein Sein, spricht – ich möchte Dir sagen: „Dankeschön!" Genau Dich möchte ich mit meinem Wort und mit meiner Energie berühren, denn mein wahres Selbst möchte sich bei Dir bedanken. Danke, dass Du mir vertraust. Danke, dass Du mich glücklich machst. Danke, dass Du meine heiligen Worte vernimmst, denn ich sage Dir, die Zeit ist reif. Du wirst meine Worte hören. Ich werde zu Dir sprechen und Du wirst mich wahrnehmen, in Deinem Herzen und in Deinem wahren Selbst. Wärme durchfließt Dich. Mit Deinen eigenen Ohren und mit Deinen eigenen Augen wirst Du mich bald wahrnehmen. Der Gottesplan und der Zeitpunkt bleiben bestehen. Der Plan ist in alle Ewigkeit verankert. Es wird keine Verschiebungen und keine Verzögerungen geben. Alle, die mich in ihrem Herzen erkannt haben, berühre ich. All diejenigen, die mich kennen, erkenne ich. Alle werden sein in meinem wahrhaftigen Sein. Ich segne Dich und ich erfülle Dich nun mit der heiligen Flamme. Der heilige Segen durchfließt Deinen Wesenskern. Ich möchte nun in Deine Synapsen. Lasse es geschehen, lasse Dich auf mich ein. Ich werde nun in Deinem Gehirn Deine Synapsen ausgleichen. Es gibt in Deinem Gehirn Synapsen, die schlafend sind. Es gibt in Deinem Gehirn Synapsen, die nur gering entwickelt sind. Es gibt Synapsen in Deinem Gehirn, die gut ausgebildet sind und es gibt Synapsen in Deinem Gehirn, die überfordert sind. Ich werde nun Deine Synapsen reinigen. Die rote Flamme meiner reinigenden Energie säubert nun Deine Synapsen. Ich tue es selbst, Dein Christus. Öffne Dein Herz und spreche in Deinem Inneren ein „Ja".

Ich lasse nun kühle, blaue Energie in Dein Herz fließen. Ich lasse sie in Deinen Solarplexus fließen.
Ich lasse orangefarbene Energie in Dein Pranamonchakra fließen.

Ausgleich geschieht.

Du nimmst vor Deinem geistigen Auge die Farben wahr.

Ich öffne nun Dein Pranamonchakra. Es ist geweiht und verankert.

Ich vergrößere nun Dein Pranamonchakra und lasse die Herzenergie in Dein Pranamonchakra abfließen. Ich öffne Dein Pranamonchakra noch weiter.

Ruhe in Deinem Geist.

Ich öffne nun Deine Lymphdrüsen. Energetisch vergrößern sich nun Deine Lymphdrüsen.

Gehe nun in Dein Zwerchfell und lasse den lilafarbenen Farbstrom der Vergebung einfließen.

Ich werde Dir nun Menschen bringen, Menschen, denen Du in Deinem Leben begegnet bist. Sie kommen bei Dir gereinigt an. Sie kommen bei Dir verändert an. Es sind Menschen, die Dir Verletzungen beigebracht haben. Der erste Mensch in Deinem Leben, der Dich verletzt hat, steht nun, von mir gereinigt, vor Dir.

Alles, was Du heute noch empfindest, alles, was er Dir angetan hat und was sehr schmerzlich für Dich war, sage es ihm nun in Deinem Geist, sage ihm alles, was Dich bewegt, einfach alles. Er wird jetzt in diesem Augenblick, so sage ich es Dir, diesen Schmerz selbst fühlen. Alle Menschen auf dieser Erde, ob sie nun leibhaftig hier bei Dir sind oder nicht, werden in diesem Moment, so spreche ich zu Dir mein Kind, Deinen Schmerz fühlen. Sage ihm Deinen Schmerz, fühle ihn und gebe diesen Schmerz, den er Dir gegeben hat, an ihn zurück. Sage ihm: „Dieser Schmerz ist Dein Schmerz, nehme ihn, er ist mir zu schwer. Es ist Dein Schmerz."

Ich gebe Dir nun eine goldene Kugel in die Hand, lege nun all diesen Schmerz und all den Kummer, denn Du hattest und heute noch hast, in die goldene Kugel hinein. Sage zu dem Schmerz: „Gehe in die goldene Kugel." Die goldene Kugel verfärbt sich und sie nimmt all die Energien von Dir auf, die Du von diesem Menschen erhalten hast. Zögere nicht. Nun übergebe die Kugel diesem Mensch und schaue, ob er sie nimmt. Dein Gegenüber fürchtet sich, die Kugel zu nehmen. Sage Deinem Gegenüber, er soll mir – Lord Christus Sananda – die Kugel bringen. Das Wesen, das nun vor Dir steht, bittet Dich um Verzeihung. Dieses Wesen hat mir nun die Kugel gebracht und dieses Wesen bittet mich um Verzeihung. Wenn Du nun diesem Wesen verzeihen willst, dann tue dies jetzt. So lassen wir nun dieses Wesen in Frieden gehen.

Schaue jetzt in mein Gesicht vor Deinem geistigen Auge, schaue in meine Augen. Ich erlöse Dich.

So habe ich gesprochen.

Dein Christus Sananda

REINIGUNG

Erzengel Memoria spricht

Ich bin Memoria – die Hüterin der blauen Lagune. Was bedeutet dies für Dich? Die blaue Lagune ist ein Ort, an dem alle Frequenzen ineinander einspielen. Es ist der wahre Bestimmungsort. Ich, Memoria, werde Dich und Dein Herz nun in die Energie der blauen Lagune führen. Ein erwachtes Kind, ein erwachtes Herz, ein erwachtes Sein blüht auf und alles, was blüht, zieht die Blicke auf sich. Es zieht förmlich alles an und jeder andere Mensch erfreut sich daran.

Nun, so Du in der blauen Lagune der Energie, der fließenden Schöpfung, teil hast, so blühst Du nun auch auf, so wirst Du Positives anziehen wie ein Magnet. Es ist wie ein Traum. Alles ist im Fluss. Ich bette Dich nun in eine Schale voller Glanz und Licht. Atme tief ein und aus. Nimm den Glanz der Schale in Dich auf. Dein Herz beginnt reiner und schöner zu werden. Lass Dich fallen in den Gesang der Träume, in den Gesang der Töne, in den Gesang der Farbenenergien und der Transformationsenergien. Alles fließt von Dir ab, Deine alte Haut löst sich von Dir. Ich löse nun einen Teil Deiner Aura ab – nur den alten Teil. Du bist sicher in der Schale. Aus Deinem Alltagsleben lösen sich nun alte, verbrauchte Energien ab. Es beginnt nun Deine Aurareinigung.

Das Himmelstor öffnet sich. Ich schleuse Regenbogenenergie ein und durchflute Dich mit goldenem Licht. Nimm in jede Deiner Zellen das goldene Licht auf. Wir nehmen nun eine Zelle Deines Körpers, eine Stammzelle Deines Körpers. Wir vergrößern diese Stammzelle vor Deinem geistigen Auge. Sieh, sie taucht vor Deinem geistigen Auge auf. Es ist eine Informationszelle, die alle Erinnerungen, DNA-Gene und alles andere in sich trägt, was Dich im Hier und Jetzt ausmacht. Diese Zelle, die Du vor Deinem geistigen Auge siehst, zeigt sich Dir immer deutlicher. Sie wird größer und größer und sie strahlt leuchtend hell in allen Farben. Du nimmst wahr, dass diese Zelle ein eigenes Bewusstsein trägt, denn sie ist Dein irdisches und geistiges Gegenüber, genauso, wie Dein göttliches Gegenüber. Diese Zelle trägt alles Wissen in sich. Schaue Dir nun Deine Zelle genau an. Hat sie dunkle Flecken? Fließen diese Flecken aus der Zelle heraus? Wird diese Zelle durch die dunklen Flecken geteilt? Hat Deine Zelle an verschiedenen Stellen die Leuchtkraft verloren? So beginne nun, mit Deiner Stammzelle zu sprechen. Frage nun Deine Zelle, was die verschiedenen Farben bedeuten.

Ich lasse nun den Segen in Deine Stammzellen fließen, ich schleuse die dunklen Flecken aus. Du kannst mit Deiner Zelle kommunizieren und Du kannst ihr Aufträge erteilen. Sie wird die Informationen an die anderen Zellen weitergeben. Du kannst nun alle Informationen in Deine Stammzelle geben, denn wisse, sie ist pures Licht und göttlich.

Ich lasse die grauen Schleier in Deiner Zelle abfließen und ich transformiere die dunklen Kräfte. Ich lasse Deine Zelle noch mehr leuchten, damit Du noch mehr Informationen von ihr erhältst. Gebe Informationen und Wünsche an Deine Zelle ab und frage sie, ob sie die Informationen und Wünsche aufgenommen hat und bitte sie, die Informationen an die anderen Zellen weiterzugeben. Lasse Dir Zeit, Deine Zelle zu befragen.

Sage ihr, sie soll sich entgiften.

Ist sie an verschiedenen Stellen dünn? Hat sie ein Loch? Oder sieht sie zerrissen aus? So gebe ich nun Heilung in Deine Zelle – Du gibst Deine Heilung und Deinen göttlichen Befehl an Deine Zelle. Tue es mit Liebe. Deine Zelle wird das tun, was Du wünschst.

Bleibe noch einen Moment bei Deiner Zelle. Wenn Du alles getan hast, so bedanke Dich bei ihr, schenke ihr Segen, sie darf nun ihren Dienst an Dir ausüben.

Ich verabschiede mich, ich habe gesprochen.
Dein Erzengel Memoria

DIE NEUE ZEIT

Erzengel Uriel spricht

Ich bin Erzengel Uriel. Ich grüße Euch herzlich, meine Kinder des Seins. Allen, die dieses Buch lesen, sage ich, dass ich Euren Weg weiterführen möchte.

Ihr alle werdet im großen Sein des Ganzen und des Glückes geführt werden. Ihr werdet geführt in das Glück der inneren Fülle. Auch in das Glück des äußeren Werdens und Wachstums. Alles, was bis zu diesem Datum hinter Euch liegt, war in Wirklichkeit nur Geplänkel. Die wirkliche Zeit beginnt erst. Alles, was bisher getan wurde, war Vorbereitung. Vorbereitung auf die Neue Zeit – auf die Zeit Lemurias. Wir hoffen, dass Ihr zu dem Augenblick, in dem die Zeitenwende beginnt, in Eurem Herzen bereit seid für das Vollkommene und in das Vollkommene eintauchen könnt.

Ihr werdet weiter vorbereitet auf die kommende Zeit. Wir Engel haben Euch berichtet, dass dies langsam geschieht. Gemeint war die Vorbereitung Eurer Gefühle, Eures Wachsens und Eures Werdens, damit Ihr eintauchen könnt in die neuen Energien.

Der Planet ist seit dem letzten Jahr bereits über die Hälfte der bisherigen Frequenz gestiegen. Ihr habt vermehrt festgestellt, dass die Menschen draußen oft neben sich stehen, dass sie überempfindlich geworden sind, dass ihnen Kleinigkeiten zu viel werden. Es ist so, dass diese Menschen diese Kleinigkeiten ablehnen, sie sogar verwünschen. Die Menschheit braucht vermehrt Ruhe. Viel Stress ist draußen bei Euch. Die Menschen haben inneren Stress. Sie fühlen sich verfolgt, sie haben Alltagssorgen.

Die Erde steigt in ihrer Schwingunsfrequenz. Es gibt Energien, die dies nicht zulassen wollen und dennoch sind wir da und machen weiter. Ich sage Euch jetzt, warum so manche dunklen Energien dies nicht zulassen und vermehrt andocken wollen. Sie können die hohen Frequenzen nicht ertragen. Die Erde muss in ihrer Frequenz noch um ein Drittel steigen, dann hat sie es geschafft. Ich sage Euch, meine Lieben, wir sind fast soweit. Wir sagten bereits, dass die Zeit fest und verankert ist.

Die dunklen Energien tun alles, damit Ihr im Inneren nicht frei seid. Sie versuchen so, Euch von den hohen Energien fernzuhalten, denn die dunklen Energien ertragen die hohen Frequenzen nicht, sie verursachen ihnen Schmerzen.

So, wie die dunklen Energien Euch Schmerzen zufügen, Schmerzen, die Ihr nicht vertragt, so vertragen die dunklen Energien das Licht nicht. Die dunklen Energien müssen sich läutern, müssen erst durch den Schmerz gehen, um lichtvoll zu werden. Darum wundert Euch nicht, wenn die dunklen Energien verstärkt um ihr Überleben kämpfen. Lichtfrequenzen, hohe Energien, hohe Strahlkräfte schädigen die dunklen Energien. Sie verursachen ihnen Schmerzen. So müssen die dunklen Energien erst loslassen, um davon befreit zu werden.

Wir werden nun Eure Energien stärken.

Die große Reinigungskraft meines Selbst, fließt nun in Dich ein.

Dein Erzengel Uriel

DIE ZWEI SEELENENERGIEN

Erzengel „Sharon spricht

„Ich bin Sharon, die weibliche und die männliche Kraft der Seele, der Seelenanteil in Euch und ich spreche zu Euch Menschen. Ich werde nun Eure beiden Seelenanteile ineinander fügen. Bei manchen von Euch ist ein Seelenanteil zu schwach ausgeprägt, so werden wir sie ins Gleichgewicht bringen im Hier und Jetzt.
Ich lasse nun einen weißen Strahl über Euer Kronenchakra fließen und durch Euch hindurch. Es ist der Sharonstrahl.
In Eurer Mitte im Kopfbereich bringe ich nun ein Schutzzeichen an. Ich werde nun Eure männlichen und weiblichen Seelenanteile sowie Eure Energien zusammenfügen, Eure Seele in Eurem Körper ausrichten und an den richtigen Platz setzen.
Ich lasse nun Licht durch Eure Augen fließen – von innen nach außen. Es ist der Sharonstrahl. Ein Diamant entsteht an Eurem Dritten Auge. Ich leuchte Eure Augen mit beiden Energien aus. Die Kraft der Vibration und der Blume des Lebens reinigt nun und erleuchtet Eure Augen, Euer inneres Auge und Eure äußeren Augen.
Erdet Euch mit beiden Füßen auf dem Boden, denn wir verbinden nun die Energien. An Euren Händen wächst nun ein herrlicher farbiger Ball – wir verbinden Euch mit dieser Energie. Es ist eine hellblaue Energie. Fühlt die Energie, die nun an Euren Händen ist und die Euch eins werden lässt mit Eurer ureigensten Chi-Energie.
Wir bilden die heilige Merkaba über Euch, justieren und richten aus, so dass Ihr in Zukunft Geistiges stärker wahrnehmen könnt. Damit seid Ihr stärker geschützt. Durch diese Energien kann das Negative nun nicht mehr durchdringen. Denkt daran, es ist der Sharonstrahl, und der Sharonstrahl wird Euch immer schützen, denn wenn Ihr an den Sharonstrahl denkt, werdet Ihr mit denjenigen energetisch verbunden sein, die dieses Buch lesen. Ihr seid geschützt – durch den Sharonstrahl der heiligen Merkaba.
Es ist eine hellblaue Energie um Euch. An den Sharonstrahl wagt sich nichts Negatives, denn er ist die Reinheit:

Ich bin Erzengel Uriel. Ich habe Eure Energien ausgeglichen. Ihr werdet fühlen, dass Ihr Euch in den nächsten Tagen selbstbewusster in Situationen einbringt. Ihr werdet durch diese Energie immer wieder neu gereinigt.

Ich bin Sharon, Ihr seid nun geschützt. Fühlt diese Energie und denkt daran, wenn Ihr Euch außerhalb dieser Energie bewegt, seid Ihr angreifbar. Bittet um den Sharonstrahl.
Ich bedanke mich.

Euer Erzengel Sharon

Erzengel Gabriel spricht

Ich bin Gabriel. Ich spreche zu Euch allen und möchte Euch danken, Euch behüten, Euch in Euren Herzen berühren. Ich bin bereit, Euch Eure nahe Zukunft zu zeigen. Ihr seid so weit, das göttliche Licht zu sehen. Ich bin der heilige Überbringer der Worte der Neuen Zeit.
Euer Erzengel Michael hat Großes für Euch geleistet. Er war es, der Euch hierher geführt hat, der bereit ist, Euch zu helfen und Euch in die neue Zukunft – die Neue Zeit – zu führen. In Eurem Alltagsleben geschehen noch einige Missgeschicke. Wir haben mit Euch gesprochen, damit Ihr Verstorbene wahrnehmen werdet. Jeder von Euch wird Verstorbene wahrnehmen, je nach Aufgabengebiet, der eine mehr und der andere weniger. Umso näher wir der „Neuen Zeit" kommen, umso durchlässiger werden die Dimensionen für Euch. Ihr werdet Erfahrungen machen, die Ihr zuvor nicht gemacht habt. Alles, was für Euch bisher in den unsichtbaren Reichen war, werdet Ihr sehen können, Ihr werdet hell hören können, Ihr werdet fühlen können, wenn ein Verstorbener neben Euch steht. Ihr könnt jetzt bereits fühlen, wenn ein Engel Euch behilflich ist. Denn immer, so wisset, wenn Ihr einen Engel ruft, sind sie bei Euch. Einige von Euch können uns Engel noch nicht richtig wahrnehmen, doch Ihr nehmt uns in einer Art Energie wahr.

Ihr könnt uns bitten, uns sehen zu können. Ihr werdet uns anfänglich nur schemenhaft wahrnehmen können, doch Eure Wahrnehmung wird umso stärker, je mehr Ihr an Eurem Spirit arbeitet.
Wir werden Euch in Eurer Aura so ausrichten, dass Ihr uns verstärkt wahrnehmen könnt. Dies bedeutet, dass Ihr uns stärker fühlen könnt, und über Euer Drittes Auge, Euer inneres Auge, sehen könnt. Doch nicht nur das, Ihr werdet uns wirklich durch Eure menschlichen Ohren hören können. Denn wisset, auch Euer Körper passt sich der neuen Schwingung an. Euer Gehirn lernt mehr und mehr, sich zu entwickeln und deutlicher die Realität der Wahrhaftigkeit wahrzunehmen.

Ihr werdet ausgebildet, uns wahrzunehmen. Ihr werdet ausgebildet, Verstorbene und erdgebundene Seelen wahrzunehmen. Wir werden Euch zur Seite stehen dabei, sie wegzuschicken oder mit uns zusammen in das Licht zu führen.

Ich sage Euch, Unfälle und Missgeschicke sind oft negative Energien, die Verstorbene und erdgebundene Seelen anziehen, die Euch behindern wollen und nicht wollen, dass Ihr ins Licht geht, weil sie es nicht verstehen. Sie denken, dass der Zustand, in dem sie sich befinden, der Richtige ist. Sie wollen Euch ärgern, da Ihr anders seid und sie sich wünschen, Ihr wärt so wie sie.
So werde ich nun eine Durchsage zu Dir bringen, die Dich vor erdgebundenen Seelen schützen wird!

Wir beginnen.

Ich, Erzengel Gabriel, spreche nun die Worte. In Deiner Seele sitzt Trauer und in ihr sitzt noch Wut. Alle negativen Formen sitzen noch in Dir. Ich umhülle Dich nun mit meiner roten Energie. Wisse, wir Engel sind allumfassend. Wir können jegliche Art von Energie senden.
Ich schicke Dir nun die rote Gabriel-Energie, ich umhülle Dich mit meiner roten Flamme – mit meiner roten Hand. Ich werde jetzt mit meiner Hand, der roten Energie durch Deinen Körper gehen und alles daraus entfernen, was Dich behindert an Dir selbst, um in Deiner Wahrhaftigkeit anzukommen. Oh ja, ich segne Dich, mein geliebtes Sein. Oh ja, Du bist viele Erdenleben hier gewesen. Du hast viel durchwandert, auch in höheren Dimensionen. Es war ein steiler Weg des Lernens für Dich, doch wisse, Du bist dadurch zum Meister geworden und Du hast alle Prüfungen bestanden.
Was bedeutet dies für Dich? Du bist ein großer Geist und in Wirklichkeit auch ein großer Erzengel. Wenn ein Erzengel – ein göttliches Wesen – das nicht schafft, wer sollte es dann schaffen? Denn

ein göttliches Wesen schafft alles.

Es begibt sich an seine Grenzen. Du hast Dich ebenfalls oft an Deine Grenzen begeben, oft warst Du verzweifelt, dennoch hast Du es bis hierher geschafft. Du bist in die Mutprobe gegangen, Du bist in die Erfahrung gegangen, um Dunkles zu erleben, Schmerz zu erleben, Enttäuschung zu erleben, Ungewissheit zu erleben – denn Du sagtest zu Dir selbst und Deinem Geistführer: „Ich bin ein göttliches Wesen, ich schaffe alles, auch das Schrecklichste, denn ich will erfahren, dass ich dennoch göttlich bin. Ich will in meinem Herzen erfahren, dass ich Geist bin, dass ich tief in meinem Inneren immer weiß, wer ich bin."

Du hast es fast geschafft.

Es ist noch eine kurze Zeit, bis Du durch das Ziel läufst! Wo Deine Siegesmedaille auf Dich wartet! Bist Du ein Sieger?

Es ist Dein Weg zurück nach Hause. Wir heißen Dich schon heute herzlich in unserer Dimension, in der ersten göttlichen und durchlässigen Dimension, willkommen. Es ist eine herrliche Dimension, von der aus Du weiter steigen wirst, immer höher im vollen Bewusstsein Deines Daseins.

Bisher hast Du die Übergänge gemeistert, indem Du Deinen Körper verlassen hast und gestorben bist, um wieder neu zu inkarnieren. Du wirst von der neuen Dimension aus nie wieder neu inkarnieren, denn Du wirst Dein wahres Sein mehr und mehr entfalten. Nach jedem Dimensionswechsel wirst Du Deinen alten Körper ablegen und einen neuen haben, einen Köper, der immer da war. Du wirst mit Deinem Körper hinübergehen, doch Dein Körper wird sich wandeln. Dieser Wandel wird wie die Schälung einer Zwiebel sein und eine neue Reinheit wird unter der Schale zum Vorschein kommen.

Nun werde ich dennoch erst einmal weiter mit meiner Energie der roten Flamme arbeiten, die ich mit meinen Händen durch Deinen Körper leite, um alles aufzustöbern, was nicht in die Neue Ordnung gehört. So lehne Dich zurück, atme tief ein – atme durch Deinen Mund meine rote Energie ein.

Ich berühre Dich nun mit der roten Energie meiner Flamme.

Ich bin Gabriel

Ich filtere alles heraus.

Die rote Energie wandelt sich.

Ich filtere Deinen Atem, die rote Energie wandelt sich – alles Dunkle ist nun in diesem Atem. Du kannst es wahrnehmen, Du atmest alles, was ich herausfiltere, langsam aus.

Ich lasse nun meine goldene Energie in jedes Deiner Chakren fließen. In Dein Kronenchakra, in Dein Drittes Auge, in Dein Halschakra. Ich erfasse das Enochchakra. Nun werde ich die goldene Energie in Dein Herzchakra fließen lassen, sie fließt in das geistige Herzchakra, Dein Seelenchakra, denn das Herz Deiner Seele sitzt im Pranamon-Chakra. In Wahrhaftigkeit tragt ihr zwei Herzen, es ist Dein eigenes Chi.

Ich verbinde nun beide Herzen zu einem goldenen Kristall.

Ich bringe Deinen Geist, Deine Seele und Deinen Körper in Einheit. Fühle, wie Dein Pranamon-Chakra, Deines Seelen-Herzens anfängt, lebendig zu werden.

So segne ich dieses Herz. Fühlst Du, wie Dein Seelen-Herz beginnt zu gedeihen? Fühlst Du, wie viel Liebe darin ist?

Die kristallene Energie wird nun verstärkt.

Ich lasse nun durch Dein Pranamon-Chakra Heilenergie durch Deinen Körper fließen. Ich öffne Deinen Solarplexus mit blauer Energie, mit meiner blauen Energie.

Es werden Dir nun zwei Engel an die Seite gestellt. Deine Chi-Engel – männlich und weiblich. Nehme nun die Verankerung zu Deiner Seele auf.

Sie verbinden sich nun mit dem Kristall in Deiner Mitte, sie verbinden Dich nun mit der heiligen Christusenergie. Es wird nun an Dir die heilige Merkaba vollzogen. Ich werde nun Deine Zellen in *die göttliche Erinnerung bringen, in Deine Urkraft. Ich verbinde Dich mit Melek Metatron, Shakti und Horrus.*

Ich ziehe nun die göttliche Energie nach unten in die reinigende Flamme. Denn die goldene, reinigende Flamme in Deinem Solarplexus beginnt zu erwachen. Sie breitet sich aus und reinigt alle Reste.

Deine Zellen bekommen nun göttliche Schwingungsimpulse.

Ich verankere Dich nun mit Gaia. Ich bringe Dich in Einheit mit Gaia. Ich werde Dich nun auf den Planeten einschwingen. Alle reinigenden Energien Gaias fließen durch Dich. Du fühlst Dich fester und runder.

Vergiss nicht zu atmen!

Du wirst nun jeden Augenblick in Dir selbst stärker werden. Es wächst eine Kraft in Dir, Deine Zellen beginnen zu strahlen. Ich versetze Deine Zellen in Schwingung. Alles wird ausgeschleust. Deine Zellen erinnern sich an ihre göttliche Herkunft. Erwache!

Deine Zellen festigen sich. Stehe bitte auf, strecke Deine Arme aus und richte sie nach oben.

Empfange die heiligen Inschriften, die für Dich, für die Neue Zeit vorgesehen sind. Darin sind alle Informationen, die Du benötigst. Erhalte sie jetzt. Du bist geweiht. Du trägst die heiligen Inschriften in Dir.

Du bist der Schüler der Neuen Zeit. Der Schüler wird zum Lehrer und dann zum Meister – Du wirst andere lehren. Und der Meister wird zum Schüler.

Ich habe gesprochen.
Dein Erzengel Gabriel

Belis Bey spricht

Ich bin Belis Bey, ich spreche aus den Toren der 18. Dimension zu Euch Menschenkinder. Ihr seid unermesslich geliebt. Eure Farben blühen auf unserer Seite auf. Eure Schwingungen vibrieren und glänzen im Licht. So kommt alles Positive bei uns im grenzenlosen Licht an.

Mein Name ist Belis Bey. Die dunklen Schattenseiten, die noch vorhanden sind, kommen bei uns in der 18. Dimension nicht an. Sobald sie eine niedrigere Frequenz haben, werden sie automatisch auf einem niedrigen energetischen Level gehalten. So wisset auch, dass nur das positive, magnetische Energiefeld uns in den hohen Toren der Einheit erfasst. Dies bedeutet, dass im 18. Tor nur Euer höheres Bewusstsein in Erscheinung tritt. So kommen ausschließlich diese Frequenzen in unserer Wahrnehmung an.

Im reinen göttlichen Schwingungsfeld nehmen wir Euren Glanz wahr, Euer wahres Bewusstsein, was bei vielen von Euch schon sehr ausgeprägt ist. So will ich Euch sagen, dass all die niedrigen Frequenzen nur hier bei Euch in dieser Dimension, auf diesem Planeten – noch Anklang finden. Dies bedeutet für Euch, dass das elektromagnetische Bild nur noch in dieser Dimension fundiert ist und nach außen strahlt.

Gaia steigt. Umso mehr sie steigt, desto weniger können diese Kräfte bewirken. Sobald Gaia gestiegen ist, werden diese Kräfte keine Andockmöglichkeit mehr finden. Sie finden keinen Platz, sie werden nicht mehr ausgesandt. Sie werden dann nach unten steigen, um sich aufzulösen und sie finden keinen Nährboden mehr.

Alle, die mit eintauchen in das Tor des neuen Bewusstseins, werden erfahren, dass in den höheren Frequenzen diese Energien nicht mehr existent sind und damit auch nicht mehr in Euch existieren, denn sie sind gelöscht.

Eure Wahrnehmung wird in der nächsten Dimension der Erinnerung verändert. Ihr werdet in die Erkenntnis geführt werden, dass dies, von der niedrigen Frequenz aus, dem niedrigen Bewusstsein Eurer Wesenheiten, gewünscht wird. So wird alles Sein in das neue Bewusstsein einfließen und auf natürliche, göttliche Weise transformiert.

Im Hier und Jetzt habt Ihr sehr viele Anweisungen erhalten, sehr viele Hilfestellungen, um vieles aufzulösen und doch ist es so, dass Ihr oft an Euch zweifelt. Daran zweifelt, ob Ihr den Sprung schafft, ob Ihr den Übergang schafft, weil noch viel Altes in Euch lebt. Ihr arbeitet an Euch und Ihr versucht, durch diese Anweisungen das Alte aufzulösen. Ihr seid bereits im neuen Bewusstsein. Arbeitet weiter an Euch, damit wir Euch die neue Schwingung nicht näher bringen müssen, sondern damit sie automatisch in Euch integriert wird. Darum handeln wir auf diese Weise.

So wisset, dass das, was alt ist, automatisch vergeht, wenn Ihr eintaucht in die Neue Dimension, sie liegt sehr nahe.

In der neuen Dimension ist Heilenergie. Eure Zellen werden sich anbinden an die höheren Frequenzen, an die höheren, göttlichen Frequenzen.

In den höheren Frequenzen herrschen das Sein, der Glanz, die Lebendigkeit des Göttlichen und das pure Leben, das in allem Sein ist. Es ist höher schwingend und höher vibrierend. So werden sich Eure Augen und Eure Körper verändern und die Zellen werden sich anpassen, höher schwingen und durchlässiger sein. Und dennoch sage ich Euch, dass dies allmählich getan werden muss, damit Ihr die höheren Schwingungen aufnehmen könnt, damit umgehen könnt, und diese auch vertragt. Euer Körper muss diese neuen Schwingungen vertragen, denn Ihr geht mit Eurem ganzen Bewusstsein auf diese Ebene. Ihr werdet dort umgewandelt und geläutert. Alles Alte wird abfließen und Ihr werdet neu geboren sein.

So, wie wir pures Licht sind, so werdet Ihr in Eurem Inneren sein. Noch besitzt Ihr einen Körper, einen durchlässigen Körper. Ihr werdet noch einmal wachsen. Ihr werdet größere Wesen sein. Eure Gesichter werden sich wandeln und Euer wahres Sein wird zum

Ausdruck kommen. Dies ist Wandlung. Wenn Ihr erst einmal bei uns auf dieser Ebene angekommen seid, der Fünften Bewusstseinsstufe, gibt es innerhalb dieser Stufe noch weitere Stufen. So werden wir Euch auf der Fünften Stufe führen, bis Ihr wieder angekommen seid in der Sechsten Dimension. Alles wird im Bewusstsein verankert werden.

All dies, was Ihr im Geistigen ohne die Körperlichkeit wusstet, werdet Ihr nach und nach mit Körper, Geist und Seele bewusst erfahren. So werden wir das Unten und das Oben, das Rechte und das Linke zusammenfügen. Wenn dies alles geschehen ist, werdet Ihr eingehen in das göttliche reine Licht, in das göttliche Reich, das weit über der 18. Dimension liegt und dort zum reinen Lichtwesen werden, zum puren Bewusstsein.

Außerhalb dieses Universums gibt es noch andere Universen, kleinere, größere und durchlässigere. Ich sage Euch, es geht noch höher – und noch höher. Ihr werdet noch viel erfahren – viel auch von Euren Brüdern und Schwestern in anderen Universen und in diesem Universum. Denn Ihr werdet sie sehen. Ihr werdet ihre Entwicklungsprozesse sehen, die sie, so wie Ihr, auf diesem Planeten durchschritten haben. Ihr werdet Erfahrungen austauschen und Ihr werdet neue Freunde finden und haben. Nur dann werdet Ihr verstehen, dass alles göttlich ist.

So sage ich Euch noch einmal, es ist bald so weit. Bald beginnt das wirkliche, göttliche Abenteuer. Das irdische, feste Abenteuer liegt fast hinter Euch. Es hat viele Millionen Jahre gedauert. Wir werden mit Euch die neue Hochzeit feiern. Die Hochzeit, eingebettet im göttlichen Sein der Wiederkehr, und die Einheit, die Ankunft in der Einheit und das bewusste Erleben des allerseits Göttlichen. Das Irdische und die Materie habt Ihr hinter Euch gelassen. Auch das Universum wird steigen und die wenigen, die zurückbleiben, werden nachkommen. Sorgt Euch nicht um sie. Wir sorgen uns um sie. In Wahrhaftigkeit lassen wir niemanden zurück. Es gibt bei uns keine Zeit, Ihr werdet auch dies erfahren. Bei uns gibt es Schulen und Ihr werdet in die höheren Dimensionen hinein gechannelt. Auch hier wird Entwicklung sein.

So freut Euch, dass wir Euch zu Eurer Hochzeit mit der Geistigen Welt begrüßen. Wieder vereint zu sein, ist der erste Schritt nach Euren Inkarnationen, denn es wird dann keine Inkarnation mehr geben.

Dies ist ein Abschied für einen Moment und gleichzeitig ein Gruß, denn, wenn Ihr eintretet in die neue Dimension, werde ich am Tor bereitstehen und Euch begrüßen mit den Worten:
„Herzlich willkommen, tretet ein!"
Ich bedanke mich bei Euch – und Ihr wisst, wie sehr wir uns freuen, Euch wieder begrüßen zu dürfen, wenn Ihr nach der langen Reise der Inkarnationen zu uns in den wahrhaften Aufstieg des Lichtes Gottes zurückkehrt.

Eure Belis Bey
Ich schenke Euch noch meine Energie und meine Hände.

UMARIA ERONES KUMPARI

SILVIA KOST

Liebe Leserinnen, liebe Leser,

all diese Worte lest Ihr nicht nur mit Eurem Verstand, vielmehr senkt sich im Laufe der Zeit auch in Euch dieses tiefe Seelenwissen ein. Sehr deutlich wird mir dies immer in meinen Seminaren.

Jedes meiner Seminare besteht aus ganz unterschiedlichsten Teilnehmern. Gerade bin ich wieder beim x-ten Anlauf, um wenigstens allgemeingültige, handliche Seminarunterlagen zusammenzustellen, damit meine Teilnehmer etwas Schriftliches von mir in der Hand halten und zu Hause nachlesen können.

Gehe ich dann mit diesem Konzept in eines meiner Seminare, erleben meine Seminarteilnehmer und ich jedes Mal „unser blaues Wunder".

Da ich ein Voll-Channel-Medium bin, nützt die Geistige Welt sofort die Gunst der Stunde und sie schmeißen mein sorgsam zusammengestelltes Konzept völlig über den Haufen.

Auf meine, so gut es höflich ging, Beschwerde wurde mir in vollem Umfang und energisch folgendes geantwortet:

„Geliebte Tochter Salahai, die Menschen sind nicht zu Dir geschickt worden, damit Du ihnen strukturiertes „Schulwissen" vermittelst.

Sie sind gekommen, weil wir sie zu Dir gerufen haben. Durch Dich arbeiten wir nun Schritt für Schritt an jedem Einzelnen individuell an seinen Blockaden-Lösungen, erweitern sein Bewusstsein und entflammen seine Selbstheilungskräfte auf allen Ebenen. Verlasse das Schubladendenken! Sind unsere Schüler fleißig und gelehrig, können sie bald selbst in den Chroniken des Himmels lesen."

So habe ich versucht, wenigstens die Chakren-Lehre schriftlich zusammenzufassen. Die himmlische Antwort darauf war dann, dass sie mir gezeigt haben, dass die Chakren, je nach Ebene und

Tiefe, vollkommen andere Farben trugen als die „Einheitslehre" es uns gelehrt hat.

Aber so schnell habe ich nicht aufgegeben und angefangen, die Channelings auf CD aufzunehmen, um nicht mit leeren Händen dazustehen. Auch hierbei werde ich exakt geführt. Sobald meine Aussagen persönlich und weltlich-strukturiert werden, spinnt die Technik...

Das Vermitteln zwischen Himmel und Erde hat so seine Tücken und ich lerne nie aus.

Eure Silvia Kost

Channeling mit Gott, die Quelle

Meine Kinder des Einzigen, meine Kinder der Sonne, einst habe ich Euch ausgesandt als pure Lichter, pures Bewusstsein, pure Kraft, puren Leuchtstrom.

Ich habe Euch in die irdischen Atmosphären entlassen und mich dabei um Euch gesorgt, da Ihr einen langen Weg gehen wolltet – einen langen Weg in das Unbewusste, einen Weg in den Schmerz, einen Weg des Todes und der Verlassenheit. So haben wir gemeinsam den Weg gewählt. Ich habe viele meiner Lichter gebeten, bei mir zu bleiben, um Euch zu beschützen. Genau die Hälfte meiner Wesen ist gegangen. Sie sind verstreut in allem Sein – im Dunkel und in der Vergessenheit.

Oh, viele von Euch sind verwundet zu mir zurückgekehrt. Doch ich habe sie geheilt. So freue ich mich, Euch wieder begrüßen zu dürfen, Euch in meine Arme schließen zu dürfen, denn Ihr werdet mein Licht wieder sehen. Große Freude herrscht über diese Wiedervereinigung mit meinen Lichtern.

Ich sage Euch, es werden keine Tränen mehr fließen, denn ich bin pure Kraft und Liebe. Ich sende Euch nun meine Kraft in Euer Herzchakra, den tiefsten Punkt Eurer Seele, und reinige Eure Seele, so dass alte Wunden vergehen.

Ich sende Euch mein Licht und pure göttliche Energie, so wie ihr diese im Hier und Jetzt aufnehmen könnt. Jeder Einzelne von Euch ist purer Klang, pure Frequenz, pures Sein – ein Sein kann nicht vergehen, denn Ihr seid ein Teil meiner Energie und meines Bewusstseins. Bewusstsein ist Licht.

Ihr fragt Euch, wie dies sein kann. Ich bin das Leben, pure Kraft und Frequenz. Ihr fragt Euch, wer ich bin, woher ich komme, woher das Leben und die göttliche Energie stammt. Denn die Energie des Feuers war immer.

Ich bin ewige Existenz. Es gibt keinen Anfang und kein Ende. Ich bin pures Leben und Licht, das immer war und sein wird. Ich bin nicht entstanden – ICH BIN. Mein göttliches Sein ist und ich bin so, wie Ihr seid. In Eurem irdischen Dasein könnt Ihr dies noch nicht verstehen. Das ist das – ICH BIN, die Wahrheit und das Leben.

Es gibt zwar die Vergessenheit, doch es gibt außerhalb von mir nichts. Das Nichts gibt es jedoch nicht, denn alles ist Energie, alles ist in mir.

So seid Ihr nach unten geschwungen und so schwingt Ihr wieder nach oben und nach Hause zurück in Eure Wahrheit hinein und in Euer eigenes Selbst zurück und wieder in mich hinein.

Geht nun behutsam und liebevoll mit Euren Seelen um, denn Eure Seele ist ein Kleid voller Glanz und Bewusstsein. Lasst alle Schuld gehen, die Ihr Euch selbst eingetrichtert habt. Werdet reines Licht und werdet pure Liebe, lasst es geschehen und handelt in Liebe. Versucht zukünftig, alles in Liebe zu tun, unabhängig davon, was Euch begegnet. Dies ist die Kraft des Heilens. Dies ist die Kraft des Wachstums. Es ist das Wasser des Lebens. So nehmt meine Kraft an und bejaht Euren puren Geist, der aus der Quelle kommt, aus mir. Meine Engel werden Euch begleiten, und meine Energie.

Ihr seid geweiht und gesegnet. Denkt immer daran, wer Ihr seid, denn Ihr seid strahlendes Licht, darum dürft Ihr auch strahlen. Ihr seid Sterne unter dem Himmel. Ihr kommt von mir, deshalb seid Ihr gleich wie ich.

Ich habe mich geteilt – ich habe mich selbst geteilt. So wisset, wer Ihr seid. Ihr seid ein Teil meiner. Du bist mein Sein!

Wirklich verabschieden kann ich mich nicht von Euch. Es sind Worte. Ich bin da, ich bin immer bei Euch,denn mein Bewusstsein ist eins mit Eurem Bewusstsein.

So wisset dies, dass Ihr alle Glanz und Lichter seid.
Ich verabschiede mich für heute mit diesen Worten.

Ich bin Gott, die Quelle

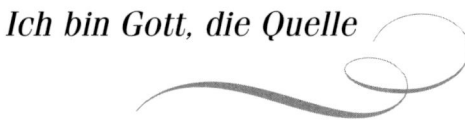

Christus „Sananda spricht

Ich bin Euer Christus – empfanget nun die heilige Energie der hohen Lichtfrequenz des Geistes. Liebe wird in Eurem Herzen wachsen, in Eurem ganzen Geist, in Eurem ganzen Sein. Empfangt die heilige Frequenz der Liebe, die aus dem Geist der Wahrhaftigkeit, des Wachstums und des Wunsches kommt. Ihr seid alle unendlich geliebt, unendlich – in der unendlichen Wahrhaftigkeit des Geistes.

Empfangt die hohe Frequenz der Lichtbotschaften des wahren Seins Gottes, ein Geschenk, das direkt aus dem Herzen des Göttlichen kommt. Ich, Euer Christus, bin der Träger des Lichts und der Liebe. Dieses Geschenk soll Euch in die Wahrhaftigkeit führen, Eurer wahren, eigenen Liebesfrequenz.

Atmet tief ein und empfangt die Botschaft der Frequenzen. Engel sind jetzt anwesend und segnen Dich, bereiten Dich vor auf Deine neuen Aufgaben in dieser Frequenz, die ich irdisch nenne. Die Zeit ist reif, dass das Irdische dem Licht angeschlossen wird, es beginnt, eine Einheit zu wachsen und zu gedeihen. Dies ist die Botschaft, die ich, Euer Christus, hier über unser Medium Salahai übermittle.

Ich danke Euch aus der Frequenz der Urquelle meiner Liebesbotschaft, meines Herzens, dass ich Euch heute diese Frequenz vermitteln darf. Ich freue mich über jedes Licht, das erwacht. Ich kenne Euch und ich werde Euch immer kennen. Viele von Euch sind aus dem Geist Gottes entsprungen, andere aus dem Herzen Gottes. Heute wird der Geist beides erfassen, das Herz und den Geist in Euch. Erinnert Euch, ihr seid Geist. Somit möchte ich, Euer Christus, Euch begrüßen voller Freude und schenke Euch Herzfrequenzenergien. Liebe ist die Frequenz, die nun fließt.

Euer Christus Sananda

Erzengel Michael spricht

Ich bin Michael – ich habe auf Euch gewartet. Jeden von Euch habe ich beauftragt, durch meine Engel aus Eurem Herzen herauszukommen. Meine herrlichen Lichtwesen, erinnert Euch, wer Ihr seid. Ich habe meine Engel geschickt, um Euch zu diesem Buch zu führen und Euch zu segnen.

Wisset, wenn Ihr meinen Namen ruft, dass Ihr niemals allein seid.

Lasst Euch nun tief in Euren Geist fallen. Fallt immer mehr zurück in Euren Geist, lasst alles Irdische los, vergesst einen Augenblick, dass Ihr einen Körper habt, denn Ihr seid nicht Euer Körper. Ihr seid nicht einmal Euer Seelenkörper. Ihr seid hochfrequentierter Geist.

Schließt Euch Eurem Geist an, vergesst alles, was Ihr im Hier und Jetzt in der Dualität erlebt habt. Sie ist nicht die Realität, denn sie ist erschaffen worden aus dem Geist einer niedrigen Frequenz. Erhebt Euch in Euren wahrhaftigen Geist hinein, betrachtet es von oben, betrachtet es aus Eurem Geist heraus und fühlt und erkennt, wer Ihr wirklich und in Wahrhaftigkeit seid. Fallt nun tiefer und tiefer in Euren Geist hinein, fühlt die Liebe, die in Euch entsteht und erkennt, dass Ihr Liebe seid.

Diese Frequenz ist eine sehr mächtige Frequenz, die alles bewirkt. Es ist eine feinstoffliche Frequenz, die Leben hervorbringt, alles Sein hervorgebracht hat und hervorbringen wird. Ihr selbst, wenn Ihr die Wahrhaftigkeit wirklich erkannt habt, wisst, dass Euer Geist alles vermag. Erst wenn Ihr wirklich und wahrhaftig in Eurer wahren Schwingung angekommen seid, werdet Ihr tatsächlich fokussieren und erschaffen, was im göttlichen Sinne der Geist will, Euer eigener Geist. Es gibt keine Begrenzung. Erschafft in Eurem Geist alles, was aus der Liebe und aus Euch selbst heraus entsteht, nur so ist es positiv. Ihr könnt alles erschaffen. Ihr habt in der Vergangenheit auch schädliche Dinge erschaffen – erkennt dies. Auch dies kam aus Eurem Geist. Das ist und war ein Lernen. Nun ist es Zeit, aus Eurer Wahrhaftigkeit heraus zu erschaffen. In der Liebesfrequenz, in Euch selbst, werdet ihr die Dinge erschaffen, die Ihr Euch wünscht. Erschafft es in Freude. Geht in die Freude – in Euch selbst. Fühlt Freude in Euch. Fühlt Lebensfreude und Lebensenergie wie ein Kind – unverfälscht und wahrhaftig.

Das Leben soll wieder zu einem Abenteuer werden. Aber zu einem solchen Abenteuer, wie Euer Geist es wirklich will. Wenn Euer Geist aus Gewohnheit heraus noch negative Dinge erschafft, spürt dies sofort auf und sagt: „Ich lasse dich jetzt in Licht und Liebe los." Macht dies mit jedem Gedanken, der kommt. Dies ist Eure Übung und Eure Aufgabe.
Lebensfreude ist wichtig. Denkt an die Freude am Leben und die Neugierde.
Wünscht Euch alles aus Eurem Herzen heraus, wünscht Euch Neugierde, wünscht Euch Lebensfreude, vergesst Euer irdisches Alter, vergesst alles Irdische. Geht ganz und gar in Eurem Geist auf – das ist das Geheimnis. Der Geist ist schneller als Lichtgeschwindigkeit. Erfahrt was Euer Geist alles vermag. Macht Euch keine Gedanken, wie es sich umsetzen wird, denn der Geist wird es umsetzen, Euer Geist in Verbindung mit dem großen Geist – mit dem Geist überhaupt. Begrenzt Euch nicht, denn nur Euer Verstand begrenzt Euch, nicht Euer Geist.
So könnt Ihr alles erschaffen und bewirken.

Wenn Ihr mit anderen zusammensitzt und Euch in der Politik Veränderung wünscht, dann geht in Euren Geist, geht aber zuerst in Eure Liebe, in Eure Wahrhaftigkeit, in Eure Lebensfreude. Denkt nicht an das, was Ihr nicht haben wollt, denkt daran, was Ihr haben wollt und was Ihr Euch im Positiven wünscht. Nur diese Gedanken sollt Ihr in Zukunft haben. Alle anderen Gedanken lasst in

Liebe los. Oft denkt Ihr an Geschehnisse und Diskussionen in der Welt, Ihr denkt an irdische Probleme, Ihr denkt daran, dass Ihr Euch Dinge nicht leisten könnt – das ist die Realität. Nun geht aber in die Liebe, in Euch selbst und atmet die Frequenz des Lichts, der Wahrhaftigkeit in Euren Geist ein. Nun stellt Euch vor, was Ihr Euch aus der Liebe heraus wünscht und wie dies in Eurem Geist sein soll. Sagt der Geistigen Welt: *„**Das wünsche ich mir für die Menschheit und für mich selbst.**"* Was auch immer das ist, was Ihr Euch wünscht, habt Freude und empfindet Freude daran, zu wünschen. Das ist die Macht. So könnt Ihr alles drehen und wenden. Dies ist die größte Macht des Universums und Ihr werdet sehen, dass alles real wird, umso mehr Ihr Euch verbündet, Euch versammelt und alles gemeinsam tut. Vergesst meine Worte nie!

Wenn Ihr krank seid, denkt nicht an die Krankheit, dies ist negativ. Geht in Euren Geist, geht in Eure Liebe und stellt Euch vor, dass Euer Geist gesund ist und Ihr jung seid, und umher springt. Sagt Eurem Geist: *„Ich bin jung und springe umher – ich möchte umher springen. Bewirke, dass ich dies tue. Danke."*
Gebt diesen Befehl freudvoll ab und Ihr werdet sehen, er wird wirken. Es wird sein. Lernt die Macht Eures Geistes kennen. Geht heraus aus der Dualität, was ihr aus der Realität kennt, geht in Euren Geist.

Im Moment scheint es für Euch ein Experiment zu sein, doch lasst Euch auf dieses Experiment ein, Ihr werdet sehen, es wirkt in dem Moment, in dem Ihr ganz und gar in Eurer Liebe, in Eurer Freude, in Eurem Geist angekommen seid. Wünscht und fokussiert Euch darauf, so ist es schon geschehen und wird sehr schnell Realität.
Macht dies jeden Tag für Euch allein oder in der Gruppe und sammelt Eure Erfahrungen damit, im Kleinen wie im Großen.
Spätestens in drei Wochen könnt Ihr berichten, welche Erfahrungen

Ihr damit gemacht habt. Dann gebt diese Erfahrung weiter an andere. Bildet Gruppen und bildet Meditationskreise.

Wenn Ihr in Eurem Geist angekommen seid, könnt Ihr Engel wahrnehmen – Ihr könnt uns wahrnehmen und Fragen stellen.

Ich bin Michael. Ich bin gerne bereit, all Eure Fragen zu beantworten.

Mein wichtigstes Anliegen ist, Euch in die Schwingung zu führen, in die Schwingung der Wahrhaftigkeit. Egal, was ist, falls scheinbar negativ, nehmt es nicht mehr an in Eurem Geist, sagt sofort, auch wenn es in der Realität noch geschieht: „Ich lasse dich in Licht und Liebe los." Tut so, als wäre es nicht real. Geht in Euren Geist und wünscht Euch das Positive. Haltet Euch jeden Tag im Positiven. Haltet Euch in einer positiven Schwingung. Es ist Training Eures Geistes.

Ihr werdet feststellen, dass Ihr immer wieder in eine irdische Frequenz abrutscht, in die Realität. Doch kehrt immer wieder schnell in die Wahrhaftigkeitsschwingung Eures Geistes zurück. Das ist die Macht, die göttliche Macht, die in Euch ruht und die in Euch wachsen möchte, die wachsen will und die Ihr jetzt mannigfaltig nutzen sollt.

Geht es um materielle Dinge, so geht in Euren Geist, in die Liebe, in die Freude und wünscht Euch einfach: „So soll es sein." Mein Haus soll voll sein mit wunderschönen Möbeln. Was aber, möchte ich mit meinen Möbeln? Nur mit Möbeln befüllt wäre das Haus tot. Welche Freude möchtet Ihr in dieses Haus tragen? Würdet ihr göttliche Energie hineintragen? Stellt Euch vor, welche Meditationsgruppen Ihr darin abhalten könntet! Wie schön dies wäre, andere Menschen in Euer Haus einzuladen.

Denkt immer an das Ganze. Denkt immer daran, wenn Ihr Euch etwas von der Geistigen Welt wünscht und auch erhaltet, was Ihr damit auch für andere tun könnt. Vielleicht bedankt Ihr Euch auch und sagt anderen dafür ein gutes Wort.

Gebt alles, was Ihr erhaltet, einfach in irgendeiner Weise an andere wieder. Gebt Eure Freude und Eure Dankbarkeit weiter, sei es nur in einem guten Wort oder indem Ihr jemanden in den Arm nehmt, so dass auch er bei sich selbst ankommt.

Betrachtet niemals einen Menschen von Außen, betrachtet ihn immer in seinem wahren Wesen. Gebt ihm Unterstützung dabei, sich selbst, seinem eigenen Geist, zu vertrauen, um in sein eigenes Licht zu kommen. So werdet Ihr ganz schnell alle Wünsche aus der Geistigen Welt erhalten, die Ihr benötigt, um glücklich zu sein. Ihr habt das Recht, glücklich zu sein. Dies ist Euer Ursprungsrecht.

Diese Worte heute sind sehr wichtig für Euch, diese Worte sind so wichtig, dass Ihr sie immer wieder lesen sollt. Ihr Menschen vergesst so schnell die Worte der Engel und meine Wahrhaftigkeit, die ich zu Euch spreche.

Ich bin Erzengel Michael. Ich spreche aus der hohen Frequenz der Liebe, der Wahrhaftigkeit.

Das IST ist bei uns. Du bist – ICH BIN.

Sagt Euch jeden Tag: „Ich bin das Licht, die Wahrhaftigkeit und das Sein.". Diese Worte wiederholt und wiederholt … so lange, bis Ihr diese Kraft in Euch tatsächlich und in Wirklichkeit spürt. Leuchtet von innen heraus, leuchtet kraftvoll von innen heraus. Das ist Eure Entwicklung und Euer Weg, alles andere wird von selbst aus der Geistigen Welt als Geschenk zu Euch fließen.

Immer mehr werden wir Euch ausrichten, immer mehr wird durch diese Übung Euer Geist wissen, was zu wünschen ist. Geht immer, wenn möglich, auf einen anderen Menschen in Liebe zu, schaut ihn an und seht ihn an. So seht, dass auch er Geist ist, dass er Eure Hilfe benötigt. Bedenkt, jeder von Euch ist wunderschön in der Wahrhaftigkeit. Ihr habt noch keine Ahnung, wie schön Götter und Göttinnen sind. Man kann die Strahlkraft spüren, wenn Ihr Euch an meine Worte haltet, die Ihr von innen heraus tragt. Alles

wird real und Wahrhaftigkeit sein und werden – jetzt in diesem
Augenblick.
So, wie Ihr es wünscht, so, wie Ihr Euch in diese Schwingungsfrequenz einschwingt, hört Ihr die Worte, die Ihr im Hier und Jetzt in
Eurem Geist wahrnehmt.

Euer Erzengel Michael

HEILUNG

Erzengel Raphael spricht

Ich bin Raphael – ich habe eine sanfte Energie, eine Energie, die Euch auffängt, wenn Ihr fallt. Oft war ich da, um Euch aufzufangen. Ich bin Euer Tröster. Wenn Ihr geweint habt, war ich es, der da war, um Euch zu trösten. Dadurch musstet Ihr oft noch mehr weinen, doch weinen bedeutet auch Heilung.

Ich bin reines Licht und Liebe.
Oft ist es so, dass Heilung bedeutet noch einmal durch Schmerz zu gehen, doch dann als Beobachter. Ich bin immer versucht, Euch nach und nach in Eure alten Erinnerungen und Emotionen zu führen, um Euch am Ende heilen zu können, denn zuerst muss alles Alte sterben, um Heilung geschehen zu lassen. Darum, wenn Euch etwas weh tut in Eurer Seele, in Eurem Geist, in Eurem Körper, so ruft mich und bittet mich um Heilung. Geht in Euren Geist, in Eure Liebe, die Ihr in Euch, tief in Euch, fühlt. Sie ist jetzt verankert. Fühlt die Kraft der Liebe noch mehr in Euch. Fühlt, dass Ihr selbst Liebe seid, lasst die Kraft der Liebe in Euch wachsen, seid in Euch ganz und gar Liebe. So kann Ich, Raphael, Euch noch viel schneller von alten Belastungen und alten Energieströmen, die nicht Eurem Geist und dem Himmlischen entsprechen, reinigen.

KAMEREO DE SAT EMERO DALANEMIN GEMENO.

Es ist damit – mit diesen Worten – verankert und gesegnet.
Alle, die diese Worte gelesen haben, werden dies in sich verankern. Die letzten Worte sind sehr mächtig. Sie sind wie ein Schlüssel, der dies besiegelt.
Große Freude ist heute in mir, dass ich diese Worte zu Euch sprechen darf. Wir haben große Ehrfurcht vor Eurem Sein, dass Ihr durch viele Inkarnationen durch diese Erde gewandert seid und

jetzt zu uns, in Eure wahre Heimat, zurückkehrt.

Wir wissen, es war kein leichter Weg. Umso mächtiger werdet Ihr eines Tages getauft werden, wenn Ihr wieder im Geistigen Reich seid. Nur diejenigen, die dies geschafft haben, werden große und mächtige Aufgaben bekommen.

Wenn dieser Zyklus des Universums abgeschlossen ist, werdet Ihr den Lohn Eurer Inkarnationen erhalten. Nur die Geprüftesten von Euch werden große Aufgaben erhalten. Diese Wahrheit habt Ihr noch nicht gehört. Darum wisset, wozu Eure Mühen gedient haben. Ihr habt es freiwillig auf Euch genommen, durch niedrige Frequenzen zu gehen, gekappt zu werden von der Geistigen Welt. Ihr habt viele Prüfungen bestanden, viele Schmerzen erlitten, doch Ihr seid Lichtkrieger. Nur die Besten wurden ausgewählt und wenige haben es bisher geschafft. Es werden noch mehr dazukommen. Dann wird das Geistige Reich wissen, wer von Euch zu mehr und mächtigeren Aufgaben auserkoren wird, als Ihr es Euch jemals vorstellen könnt. Darum wisset, Ihr seid alle geweiht – nichts geschieht umsonst.

Nehmt diese Worte tief in Euer Bewusstsein auf. Wisset, wer Ihr seid, denn Ihr werdet eines Tages sagen: „Dies auf der Erde, dies in jener Frequenz, war ein Geplänkel gegen das, was wir jetzt erleben." Große geistige Kräfte werden eines Tages benötigt. Welche wirklichen Lichtkrieger, die diese Erfahrung auf dieser Erde gemacht haben, besitzen diese Kräfte. Nur Lichtkrieger sind würdig, eine noch größere Aufgabe zu vollbringen und verantwortungsvoll im Geist zu handeln. Darum ist dies alles notwendig und sehr wichtig für die Schule des Geistes der Neuen Zeit.

Es gibt viele Universen. Stellt Euch vor, Ihr würdet Quantensprünge machen von einem Universum zu einem anderen. Stellt Euch vor, Ihr seid geistige Krieger, Heerführer für Schiffe. Wie reif muss Euer Geist sein, um dies zu tun, denn Ihr werdet geistige

Dinge bewirken und vieles mehr. Wisset, in Wahrhaftigkeit waren diese ganzen Inkarnationen Ausbildungen, die Euch hin zu Eurer wahren Aufgabe führen.

Nun kennt Ihr auch dieses Geheimnis, das heute zum ersten Mal entschlüsselt und niedergeschrieben wurde in diesem Buch. Haltet noch ein wenig durch und erinnert Euch an meine Botschaft. Versammelt Euch immer wieder in Gruppen, wenn Ihr dies wünscht, und denkt daran, es ist eine Ausbildung, bis Ihr Eure wahrhaftige Aufgabe bekommt und Ihr die Prüfungen bestanden habt.

Dies ist ein Lehrplanet. Ich sage Euch, nicht alle schaffen es. Denkt an Eure Ausbildung und die Mission.

Ich bedanke mich.
Euer Erzengel Raphael

Erzengel Uriel spricht

Ich bin Erzengel Uriel. Ich werde eines Tages derjenige sein, der die geistigen Befehle an Euch weiterleitet.

Ich gehöre zum Flottenkommando von Asthar Sheran. Wir haben noch große Aufgaben vor uns. Wir warten, bis Eure Ausbildung abgeschlossen ist, erst dann werdet Ihr erfahren, für welche Aufgaben Ihr abkommandiert werdet, und Ihr werdet bereit sein, das wissen wir. Darum wisset wie notwendig und wichtig es war, dass Ihr hier bis zu diesem Zeitpunkt auf der Erde gewandelt seid. Denn nur wahrhafte Lichtkrieger können diese Aufgaben vollbringen. Wahrhaftig müsst Ihr dazu sein, kraftvoll und gestärkt. Mit einem überdimensionalen Wissen werdet Ihr ausgestattet sein. Darum freut Euch auf Eure zukünftige Aufgabe. Ab dem heutigen Tage werdet Ihr nach und nach weiter ausgebildet. Öffnet Euren Geist, seid wachsam. Achtet auf das, was auf Euch zukommt. Ihr werdet noch angegriffen werden. Reagiert nicht auf diese Angriffe. Lasst diese in Licht und Liebe los und geht sofort in Euren Geist, in Eure Freude, Liebe, Lebensfreude und fokussiert mit Eurem Geist sofort, was notwendig ist. Nur so kann es geschehen, dass Eure eigene Realität entsteht. So sehen wir, ich, Erzengel Uriel, meine Brüder Raphael und Michael, was an Euch noch zu tun ist, wie wir noch an Euch arbeiten müssen, damit Ihr am Ende Eure wahre Aufgabe empfangen könnt.

Ich bedanke mich, ich habe gesprochen.
Euer Erzengel Uriel

SEGNUNG

Christus, Sananda spricht

Ich bin Christus – ich möchte Dich nun noch einmal segnen, Dir die Kraft der Gedanken noch einmal mitteilen und Dich ausrichten. Verankere diese Worte tief in Deinem Geist.
Du weißt nun, wozu und warum alles geschieht.

Ich wünsche Dir alles Gute von ganzem Herzen. Wir werden immer bei Dir sein und Dir auf Deinem Weg helfen, so lange, bis es soweit ist, Deine wahre Aufgabe zu erhalten.
Diese wird viel größer sein als alles bisher gekannte. Nun verabschiede ich mich von Euch im Hier und Heute.

Danke.
Dein Christus Sananda

Christus , Sananda spricht

Ich bin Euer Christus – ich spreche zu Euch allen, um Euch meine Liebesenergie und meine Liebe zu schenken. Öffnet ganz und gar Euren Geist für die Wahrnehmung meiner Energie. Ich liebe Euch von ganzem Herzen und von ganzer Seele. Nehmt die Christusliebe und die Christusbotschaft in Empfang, die ich Euch nun aus meinem Chakra des Herzens schenken möchte. Atmet tief ein, richtet Euch aus, lasst Euch tief und tiefer hineinfallen in meine Gegenwart, in meine Frequenz der Liebe. Es ist wichtig, in Euch diese Liebe zu fühlen, da Ihr selbst Liebe seid. Durch diese Frequenz werdet Ihr in das Sein meines Selbst ausgerichtet. Nehmt nun die Energie und Energiewesenheit meines Selbst in Empfang.

Ich segne Euch, ich lasse Euch durchfluten durch mein Licht, durch meine Frequenz. Ich möchte Euch herzlich begrüßen und ich danke Euch, dass Ihr meinem Ruf gefolgt seid, dass Ihr Eurem Herzen gefolgt seid, denn wenn Ihr Eurem Herzen folgt, so folgt Ihr in Wahrheit Eurem eigenen, wahren Sein. Denn ich bin es, der Euch berührt hat. Meine Erzengel haben gute Arbeit geleistet, sie haben Euch in Euren Herzen berührt, denn sie sind Helfer für Euch auf dieser Erde. Es ist wichtig, dass Ihr in Eure Liebe kommt, in Euer wahres Sein. Wisset, Ihr seid hier in einer scheinwahren Realität. Es ist nicht Wirklichkeit. Ihr seid hier in der Dualität, in der Erfahrungswelt – der Materie – doch dies alles hat einen Sinn. Viele von Euch fragen sich täglich: „Was hat das für einen Sinn? Warum habe ich Tränen in mir? Wieso darf ich nicht glücklich sein? Warum bin ich nicht glücklich?"

Vergesst nicht, dass Euer Verstand Euch oftmals ein Schnippchen schlägt. Denn Euer Verstand nimmt das wahr, was Ihr im Außen erlebt und Eure Emotionen machen Euch dadurch traurig. Euer Verstand behindert Euch, Euren Geist zu öffnen, um neue Wege für Euch in Eurem Geist zu finden. Oft denkt Ihr über Euch: „Was nützt es mir, wenn ich diese oder jene Idee habe? Ich kann doch tun und lassen, was ich will, ich komme doch sowieso keinen Schritt weiter, denn wenn ich nach außen gehe und andere Menschen treffe und ihnen sage, was meine Beweggründe sind, was ich gerne möchte, so hören sie mir doch gar nicht zu. Also wie soll ich denn nur weiter kommen?" Oft seid Ihr dadurch sehr verzweifelt. Ich und meine großartigen Erzengel möchten Euch einen Weg zeigen. Einen Weg, eine Tür, eine Öffnung, durch die jeder von Euch hindurch schreiten kann. Wenn man diesen Weg einmal weiß, ihn verstanden hat, in sich aufgenommen hat werdet, Ihr wissen, was der Weg ist, wie Ihr ihn beschreiten könnt und vor allen Dingen, wie Ihr wieder Lebensfreude bekommt, wie Ihr Euch selbst wieder fühlen könnt, ohne Traurigkeit, wo das Irdische plötzlich beiseite tritt, als wäre es gar nicht da und wo plötzlich Euer Geist die Hauptrolle übernimmt und vor allen Dingen die Macht Eures Geistes. Darum sind wir, hier und jetzt, versammelt, denn wir wollen Euch segnen und helfen, dass Ihr lernt, die Macht Eures Geistes zu nutzen, zu experimentieren und zu spüren, dass Euer Geist sehr mächtig ist. Vor allem ist Euer Geist schneller als Lichtgeschwindigkeit und Ihr seid Geist.

Wisset, dass die Quantenphysik Euch gelehrt hat, dass die kleinsten Teile, die Strings und Quarks, wie man sie nennt, mit Gedankenkraft zu bewegen sind. Also ganz allein durch den Geist können sie sich bewegen.
Erkennt Ihr nun, wie wichtig es ist, Eure Gedankenkraft einzusetzen und Euren Geist zu nutzen? Versucht Euren Verstand auszuschalten. Was Ihr erlebt habt, ist real. Ja, nun habt Ihr einmal Euren Geist erfahren, erfahren, dass dieser noch realer ist. Euer Geist ist die Realität, die Wahrhaftigkeit. Was könnte stärker sein als die Wahrhaftigkeit? Was könnte mehr bewirken als Eure eigene Wahrhaftigkeit?

Ihr habt bereits Nachrichten von Raphael erhalten, Ihr habt gehört, dass er sagte, Ihr seid alle Götter und Göttinnen. Wunderschön in Eurer Göttlichkeit. Ihr habt auch die Macht dazu in der Schwingungsebene der Liebe. Seid Liebe, lasst in Euch Liebe aufstrahlen, einem jeden anderen Menschen gegenüber, einfach allem Sein. Wenn Ihr Liebe im Geist aussendet, so erhöht sich die Schwingungsfrequenz jedes Gegenstands, jeder Pflanze, jedes Tieres.

Die Liebe ist die Uressenz des Seins. Wer Liebe aussendet im Geist, erhöht sich so in allem Sein und die Schwingungsfrequenz, egal um wen es geht. Wer Liebe aussendet, erhält Liebe zurück. Alles, was Ihr Euch wünscht, geht erst in die Liebe, in Euch. Atmet Liebe ein, fühlt in Euch die Liebe. Denn unter Eurem Schmerz, unter Eurer Traurigkeit, sitzt pure Liebe. Ihr seid Liebe. Geht wieder an den Punkt Eurer wahren Liebe, Eurer Wahrhaftigkeit und bei allem, was negativ auf Euch zukommt, sagt in Euch: „Geh, ich lasse dich in Licht und Liebe los." Ihr müsst dies öfters tun, immer wieder, wenn diese Gedanken kommen und Ihr werdet sehen, nach und nach haben sie keine Macht mehr über Euch. Und immer mehr werdet Ihr kommen in die Stärke Eures Geistes, in den inneren Frieden und in die innere Freude, wo eine Blume blüht, zuerst eine Knospe, dann eine Blume, ein Strauch oder ein starker Baum.

So wird Euer Geist täglich stärker und stärker, Eure Macht der Gedanken, des Geistes wird täglich stärker und Ihr könnt all das, was Ihr in Liebe fühlt, in Lebensfreude umwandeln. In eine innere Lebensfreude, die existiert, gleichgültig, was um Euch herum geschieht und ist. So kommt Ihr in Eure wahre Kraft und Wahrhaftigkeit. Ihr werdet sehen, dass, wenn Ihr dies auf diese Weise tut, Ihr somit alles bewirken könnt, für Euch selbst und für andere.
Wünscht immer auch dem anderen nur das Beste und alles Gute, in Liebe. Zeigt ihnen, dass Ihr Liebe seid und alles wird Euch geschenkt sein, von uns, von der Geistigen Welt. Bei uns ist immer Liebe.

Ich, Christus, bin reine Energie und Liebe. Fühlt diese Liebe, fühlt sie noch einmal in Euch. So fühlt, dass ich in Euch bin und Ihr in mir. Fühlt die Uressenz dessen, was ist. Fürchtet Euch nicht vor der wahren Liebe, sie ist unvergänglich. Dockt Euch an, an die Liebe, dockt Euch wieder selbst an, an Euren eigenen Geist, damit seid Ihr angedockt an mich, an uns, an das Göttliche, an die Wahrhaftigkeit. Denn bei uns ist Fülle – das Ganze. Wenn Ihr Euch angedockt habt, werdet Ihr Fülle erhalten in Eurem Geist und was Ihr wünscht, wird real auf dieser Erde. So bekommt Ihr neue Ideen, neue Sehnsüchte, neue Wünsche, die Euer Geist in diesem Moment auf dieser Erde braucht. Wünscht es Euch und gebt es in Fröhlichkeit ab, in Liebe, in Lebensfreude. Freut Euch über die Wünsche, die Ihr abgebt. Fühlt die Lebensfreude, wenn Ihr Euch etwas wünscht, wie ein Kind, das sich morgen auf einen Ball freut. So sollt auch Ihr sein und Ihr werdet sehen, dass es Euch erfüllen wird.

Ihr müsst nichts erfüllen, Ihr müsst nichts sein, Ihr müsst keine besonderen Leistungen bringen. Nein, fühlt nur die Liebe in Euch, die Wahrhaftigkeit, die in Euch wächst und so fühlt Ihr, wer Ihr seid. Das ist alles, was Ihr braucht, um Ihr selbst zu sein, im Anschluss an uns, die Geistige Welt, woher Ihr kommt und wieder zurückkehren werdet.
Dies ist meine Nachricht, die ich Euch gebe. In mir ist Liebe endlos. Ich bin Fülle. Ich möchte Euch nun mit meiner Fülle erfüllen. Nehmt mein Sein an, so nehmt Ihr auch Euch selbst an. Lasst Euch auftanken. Jetzt.

Ich bedanke mich.
Euer Christus Sananda

Erzengel Michael spricht

Ich bin Erzengel Michael, der jetzt zu Euch spricht – ich bin wahrhaftige Liebe, ich bin der, der Euch oft berührt und führt. Wenn Ihr verzweifelt seid, berühre ich Euch und ich wünsche mir immer, dass Ihr Eure Verzweiflung in meine Hände gebt, dass ich Euch diese Verzweiflung abnehmen kann, damit ich Euch zurückführen kann in Euer wahres Leben und dass Ihr mir vertraut, dass ich Euch Arbeit geben kann, dass Ihr mir tiefes Vertrauen schenkt, dass ich Euch führen kann in Euer wahres Sein. Ihr sollt ankommen auf dieser Erde, aber auch in mir und dem Geiste.

Für diejenigen, die im Inneren ihren Platz noch nicht gefunden haben, die noch nicht wissen, wo ihr Platz auf dieser Erde ist, bin ich derjenige, der Euch sagt, dass Ihr, in Eurem Inneren Euren wahren Platz noch nicht gefunden habt. Denn erst, wenn Ihr in Eurem Inneren, Euren wahren Platz gefunden habt, wisst Ihr, wohin Ihr gehen möchtet. Ihr haltet oft an Altem fest. Wie soll ich Euch einen neuen Platz weisen, wenn Ihr noch an Eurem Alten festhaltet. Erst, wenn Ihr losgelassen habt, etwas, was nicht mehr geht, nicht mehr funktional ist, erst dann kann ich Euch einen neuen Platz weisen. Doch diesen Platz weise ich Euch erst in Eurem Inneren. Erst, wenn Ihr diesen Platz in Eurem Inneren, in Euch gefunden habt, kann ich Euch diesen Platz auch im Außen geben.

Ihr habt einen freien Willen. Wir Engel sind nicht da, um Euch etwas vorzudiktieren, Euch irgendetwas vor die Nase zu setzen. Nein. Wir lieben Euch in unendlichem Maße. Aus diesem Grund wünschen wir, dass Ihr vieles in Euch selbst erkennt, so dass wir dann eingreifen können, um Euch die Fülle zu geben, Euren wahren Platz. Deshalb wünschen wir häufig, dass Ihr Eure Gedanken auf die Seite schiebt. Meditiert, damit wir Euch erreichen können, um zu wirken, damit in Euch etwas wächst, ein Impuls, eine Idee und Ihr sollt Euren Verstand ausschalten wenn Ihr meditiert.

„Ach", denkt Ihr, „das geht doch gar nicht, diese Idee und das und das nicht". Nein, Ihr kennt die Geistige Welt nicht. Ihr wisst nicht, wie mächtig sie ist, wie mächtig wir sind, wie mächtig Ihr seid. Es gibt bei uns keine Begrenzung. Ihr begrenzt Euch selbst, doch Ihr seid nicht begrenzt, Ihr denkt es nur. Das ist die Erfahrung der Dualität, die Erfahrung des Irdischen, nicht die Erfahrung der Wahrhaftigkeit. Darum erlaubt Euch diese Experimente und erlaubt Euch nun, die Erfahrung der Wahrhaftigkeit zu machen, die Wahrhaftigkeit ist die Wirklichkeit – und diese ist mächtig.

Versteht, was wir zu Euch sprechen. Nur dies ist der Weg, auf dem wir Euch herausführen können aus Eurem alten Sein, hinein in eine Wahrhaftigkeit in Eurem irdischen Leben, mit Glück und Wohlergehen.

Oft denkt Ihr, Geld wäre negativ. Es kommt immer darauf an, wie Ihr Geld seht. Es ist eine Energie und Ihr, die Ihr auf der Erde seid, braucht diese Energie. Oft denkt Ihr, Ihr wäret arm.

Stellt Euch einen kleinen Geldschein vor. Er ist Energie und Ihr sagt ständig im Geiste zu diesem Geldschein: „Ich habe kein Geld." Wie denkt Ihr, geht es denn diesem Geldschein? Fühlt er sich wohl bei Euch? Es ist Energie. Wisset, es ist alles Energie.

Am liebsten möchte er vor Euch fliehen, weil Ihr nicht mal diesen kleinen Geldschein mögt. Sendet Ihr solche Gedanken, so flieht das Geld vor Euch.

Warum sagt Ihr dem Geldschein nicht: „Ich danke dir, dass du bei mir bist und dass du mir hilfst. Ich freue mich, auf noch mehr solcher Scheine. Ich habe die eine und andere Vision, was ich gerne machen möchte für mich und die Menschheit. Es wäre schön, dies tun zu können. Liebe Engel, ich wünsche mir, dies zu tun und ich freue mich auf ganz, ganz viele Geldscheine. Ich freue mich auf Euch, damit ich dieses und jenes tun kann – für die Menschen und *für mich, in die Freude zu gehen, in die Liebe zu gehen, in die Wahrhaftigkeit und Eure wahre Macht."*

Seht Ihr, wie sich die Energie ändert und schon wird mehr Geld zu Euch fließen. Immer wieder sollt Ihr diese Gedanken haben, in Eurem Geist, und Ihr werdet sehen, es wandelt sich alles zu Eurem Positiven und für andere Menschen auch. So ist die Macht des Geistes.

Es ist wichtig, Euch dies mitzuteilen, überaus wichtig sogar, denn das ist Liebe und Fülle. Fordert für Euch die Fülle an, sie steht Euch zu – Ihr seid Geist.

Denkt daran, wenn Ihr mich ruft, dass ich genau dies immer in Euch bewirken möchte – und will.

Ich hatte heute die Gelegenheit, dies durch unser Medium Salahai, unseren Channel, die wir persönlich ausgebildet haben, laut auszusprechen, heute hier zu sein, es wahrzunehmen und zu channeln.

Wir freuen uns. Wir haben uns sehr gefreut auf diesen Tag, denn am liebsten möchten wir jeden Tag zu euch Menschen sprechen. Uns Engeln macht es große Freude, dies zu tun. Fühlt unsere Energie.

Ich bin Erzengel Michael, ich segne Euch und ich bedanke mich bei Euch, dass Ihr mein Wort hört – und hören wolltet. Nur so kann ich Euch weiterführen und weiterbringen, denn ich bin in Freude und Liebe. Es macht mir große Freude, unserem Sein dies mitzuteilen, denn wir ehren Euch über die Maßen – unendlich, immerdar.

Wir sind Eure Freunde und möchten für Euch alles tun – einfach alles, was Ihr braucht.

Ich habe jetzt gesprochen, um Euch zu sagen, wie es geht, dass Euer Geist und unser Geist zusammenwirken.

Ich bedanke mich, ich habe gesprochen.
Euer Erzengel Michael

Erzengel Raphael spricht

Ich bin Raphael, Euer Erzengel Raphael. Oh, wie oft saß ich bei
Euch und habe Eure Tränen gesehen, wie oft habe ich Eure Tränen
energetisch in meine Hände genommen und wie oft habe ich Euch
Trost gespendet.

Wenn Ihr tief in Euch hineinschaut, so fühlt Ihr, dass Ihr noch
mehr weinen musstet, denn es sollten dann gleichzeitig heilsame
Tränen sein. Der Trost lag tief in Euch – in meiner Frequenz und
meiner Energie. Trost und Liebe habe ich Euch geschenkt. Auch
oft, als Ihr noch Kinder wart, war ich bei Euch.

Ich bin unendliche Liebe. Ich bin der Tröster und der Heiler der
Seelen, ich bin das Pflaster auf Euren Wunden, ich bin auch der,
der Euch oft in den Schlaf gewiegt hat, wenn Ihr geweint habt. Ich
bin der, der Euch, wenn Ihr sehr verzweifelt wart, Hoffnung gegeben hat. Dann habt Ihr tief in Euch Hoffnung gefühlt. Auch wenn
etwas hoffnungslos schien, verspürtet Ihr Hoffnung. Das war ich,
Raphael.

Wenn Ihr weint, wisset, ich bin immer da. In diesen Augenblicken
tröste ich Euch und schenke Euch Hoffnung. Trost und Hoffnung
ist in diesem Moment das Wichtigste, bis die Tränen versiegen und
die Engel, meine Brüder Michael und Uriel sowie Gabriel, die am
Ende, für die spirituelle Entwicklung da sind, mit neuer Kraft an
Euch arbeiten können.

Wir Engel haben verschiedene Aufgaben, verschiedene Energien.
Ich bin auch der Engel der Kinder und besonders der Kinder – ich
bin Raphael. Wisset, wenn Ihr Trost und Kraft braucht, so bin ich
es, der bei Euch ist.

Trost ist die erste Energie, die Ihr benötigt, um wieder ganz und
heil zu werden.

Ich bedanke mich, dass ich zu Euch sprechen durfte. Nehmt nun
meine Energie in Empfang, diese ist gepaart mit der Christusenergie.
Manchmal war ich auch streng zu Euch, habe Euch geschüttelt und

gerüttelt, wenn Ihr angefangen habt, an Euch selbst zu zweifeln. Dann war ich immer derjenige, der darüber gar nicht erfreut war – dennoch bin ich sanftmütig und voller Liebe.
Ich bedanke mich, dass ich zu Eurem Sein, das ich unendlich liebe, sprechen durfte.

Euer Erzengel Raphael

DIE FÜHRUNG

Erzengel Uriel spricht

*Ich bin Erzengel Uriel. Ich bin der Engel des Lernens und der ir-
dischen Aufgaben. Ich bin oft in Schulen zu Hause, bei Lehrern
und Schülern gleichermaßen. Ich bin für das Irdische zuständig,
wenn Ihr zum Beispiel Geldprobleme habt, wenn das Auto nicht
funktioniert, oder wenn Ihr Probleme beim Bau eines Hauses habt.
Damit dies auch alles in richtigem Maße funktioniert – ruft mich
um Hilfe.*
*Ich bin Euer Freund in irdischen Dingen. Ich bin Euer Helfer bei
Bewerbungsgesprächen und helfe dabei, eine Bewerbung zu
schreiben. So gebe ich Euch die richtigen Informationen, wie und
was Ihr am besten schreiben sollt. Schwingt Euch ein, ruft mich
dazu und Ihr werdet sehen, es wird Euch alles gelingen. Ja, ich
bin Uriel, dies ist meine Aufgabe. Ich stehe Euch auch bei Ver-
handlungen bei, wenn Ihr sprechen müsst. Ich bin da, wenn es
bei Ignoranten schwierig wird. So werde ich mit meiner Energie
diese Ignoranten-Energien zerteilen und auflösen – das habe ich
immer getan. Ihr müsst nur wissen, dass ich es bin und Ihr mich
rufen müsst und sollt. Natürlich, wenn Ihr alles selbst tun wollt,
lasse ich Euch. Dann tut es. Vielleicht habt Ihr auch schon ge-
merkt, dass Ihr ab und zu auf die Nase gefallen seid und weiter
auf die Nase fallen werdet – ohne mich.*
*Ihr könnt mich aber auch als Freund rufen, es ausprobieren, es
testen. Ich werde Euch zeigen, was ich kann. Ihr werdet es sehen.*

*Ich bin ein Heerführer von Asthar Sherans Schiff, ein Komman-
deur, auch für diese Erde. Ihr seht, dass Ihr über mich in Eurem
Leben vieles erreichen könnt.*
*Ich bedanke mich bei Euch, wenn Ihr mich ruft. Ich bin gerne Euer
Kommandeur und Euer Kapitän auf Eurem Schiff. Deshalb ruft
mich und bittet mich, Euer Kapitän zu sein – in Eurem Schiff des*

Lebens und Ihr werdet sehen, dass ich Euch über alle Sturmwel-
len und Fluten führe, ohne dass Ihr Euch an einem Stein stoßt.

Danke.
Ich, **Erzengel Uriel,**
habe gesprochen.

DER KÖRPER

Lady Gaia spricht

Ich bin Gaia. Ich begrüße Euch mit den Worten:

DONA SEDAS SHEDAS

Dies ist mein Gruß. Empfangt diesen Gruß, wenn Ihr in der Natur seid und ich Euch begrüße. Gebt die Worte zurück, dann erhöht sich die Energie um das 50-fache.
Ruft mich, wenn Ihr mich braucht, denn ich bin pure Lebendigkeit und pures Licht. Ich bin für Eure Organe, Eure Knochen, Euren ganzen Körper zuständig – auch für die Liebe in Euch. Ich bin existent, und ich bedanke mich für all Eure Liebe, die Ihr mir geschenkt habt.

Ich weiß um jede Emotion an meinen Blumen oder Bäumen, die Ihr in Euch tragt. Jedes Mal freue ich mich darüber, denn ich spüre dann Eure Liebe. Doch wenn Ihr dies noch bewusster macht, dass Ihr mich persönlich ruft, freue ich mich noch mehr. Ich kann Euch noch viel mehr Energie schenken, denn auch ich tue dies von ganzem Herzen. Wisset, ich bin ein Teil von Euch und Ihr seid ein Teil von mir. Auch ich möchte Euch beschenken, mit Gesundheit und mit Dankbarkeit. Ich möchte Euch aufmerksam machen – noch einmal – dass wir eine Einheit sind. Ihr seid nicht außerhalb allen Seins, Ihr seid innerhalb allen Seins, in mir – wie in allen Engeln. Darum wisset: Wir sind eine Einheit.

Ich bedanke mich und freue mich, dass ich Euer Gehör gefunden habe.
Eure Lady Gaia

Horrus spricht

Ich bin Horrus, das Selbst des göttlichen Seins.
Seid Freude, Lebensfreude, denn Ihr seid hier auf der Erde, um
in Freude zu sein. Meine Engel haben zu Euch gesprochen. Große
Freude herrscht in mir. Denn wisset, ich kenne all Euer Sein.
Kommt zu mir, wenn Ihr eine Bitte habt. Ich werde sie Euch erfüllen. Tragt den Funken in Eurem Herzen, tragt den heutigen Tag
in Eurem Herzen. Glaubt an das, was Ihr gelesen habt. Setzt es
um und nehmt es an – in Eurem Geist und Herzen. Habt wieder
Freude in Euch wie ein Kind und Ihr werdet sehen, dass energetisch Sterne vom Himmel regnen werden – in Eure Hände, in Eure
Realität, in Euer Sein. Das ist das, was ich Euch verspreche, was
sein wird und was ist. Nehmt die Energien an. Nehmt an, was geschrieben wurde. Dies ist mein Segen an Euch und an meine Kinder, denn Ihr seid auch mein Sein.
Große Liebe herrscht, denn Ihr seid wundervolle Wesen. Wundervolle Aufgaben warten auf Euch. Geht in das Vertrauen – wir werden
Euch führen. Ihr seid nicht alleine und niemals werden wir Euch
fallen lassen. Öffnet Euch unserem Geist – Eurem Geist.
Ich bin Horrus – wisset, dass die Worte wahrhaftig sind, die gesprochen sind.

Ich bedanke mich.

*PATARIA LEDAN DUMARI MARIKARAN
ELA KARENIA*

Es ist besiegelt und verankert. Gesegnet seid Ihr. Ich verabschiede
mich.
Euer Horrus

DIE TURBULENZEN

Erzengel Michael spricht

Ich grüße Euer Sein. Ich grüße aus dem Herzen und ich lasse meine Energien direkt in Euer Herz fließen. Ich spreche zu Euch, Euer Erzengel Michael.

Bei uns ist pure Liebe. Große Freude herrscht bei uns in der Geistigen Welt, dass es möglich ist, die Worte der Liebe und der Weisheit aus der Geistigen Welt den Menschen zu verkünden. Ich, Erzengel Michael, fasse Eure Hände. Mit großer Sorgfalt überdenken wir, was zu tun ist. Ich sage Euch, fürchtet Euch nicht vor den Turbulenzen, die im Moment auf der Erde geschehen. Es ist der Weg, Euch erkennen zu geben, dass die Menschen umdenken sollen. Dies ist notwendig, damit der Plan, der sorgfältig geschmiedet wurde, immer im Hinblick auf Eure geistige Entwicklung – auch der Weg nach oben ist. Nur so ist das wirkliche Verstehen der Geistigen Welt möglich und dies ist wichtig, um das künftige Wissen der Menschheit, das Wissen, das von jetzt an verstärkt auf die Erde gebracht wird, zu nutzen. Dieses hält Einzug in die Wissenschaft, in die Forschung, in die Philosophie.

Überall in der Menschheit erwacht neues Wissen. Die Menschheit beginnt, die ersten Schritte zu tun, so wird aus einem schlafenden Volk, das unwissend war, eines, das in der Lage ist, über Grenzen zu gehen. Die Menschheit beginnt zu verstehen. Die Menschen beginnen zu begreifen, dass es Dinge gibt, auch hier in der Materie, die sie noch nicht entdeckt haben. Neues Wissen wird in die Menschheit eingepflanzt, immer dann, wenn der Zeitpunkt reif ist für das Wissen. Doch durch große Erfahrungen wissen diese Menschen, dass die neuen Entdeckungen sehr wertvoll sind und dass sie damit verantwortungsvoll umgehen müssen.
Meine Lieben, der Weltraum steht Euch offen. Bald ist es so weit, dass die Menschheit verstärkt in den Weltraum geht. Ihr werdet

neue Brüder und Schwestern kennenlernen, und Ihr wisst, dass es Leben gibt außerhalb dieses Planeten. Die Forscher sind auf der Suche danach. Neue Materialien und vieles andere wird neu entdeckt werden. Sie stoßen vor in Geheimnisse, die immer auf dieser Erde existiert haben und machen dabei Entdeckungen, die bisher für die Menschheit verschlossen waren. Alles Wissen, das auf die Erde getragen wird, ist Wissen aus unseren Regionen. Asthar Sheran, der Flottenkommandeur Kryons, Erzengel Uriel – wir alle wissen, wann die Zeit reif ist für die Menschheit, zu reisen – verantwortungsvoll zu reisen. Doch dazu muss das Alte, das negativ war, umgewandelt werden. Das Bewusstsein der Menschheit, egal wie es draußen aussieht, lässt bestimmte Dinge nicht mehr geschehen.

Wir haben überall auf der Erde vermehrt Channels gesetzt, die für verschiedene andere Aufgaben als unsere Salahai zuständig sind. Auf der ganzen Erde wird gechannelt. Die Menschheit erwacht und sie weiß, dass sie nur mit Führung und Gemeinsamkeit den nächsten Schritt schaffen kann.

Vielen macht das Abholzen des Regenwaldes am Amazonas sorgen. Der Regenwald wird nicht abgeholzt werden, die Menschen hören rechtzeitig damit auf. Es ist auch ein Irrtum, dass an den Stellen, an denen Rodungen vorgenommen wurden, nichts mehr wachsen kann. Ihr sollt wissen, dass bewusst beschlossen wurde, die Polkappen schmelzen zu lassen. Die Erde und die Klimazonen werden sich verändern. Das Klima auf der Erde wird gleichmäßiger. Eine angenehme, schöne Wärme wird eintreten. Die Flora wird sich verändern. Die Blüten werden in neuen Farben erblühen und neue Düfte werden Euch erfreuen. Wir haben die Energie des Nordpols nach oben gezogen, da die Energie der Erde in einer Schräglage war. Es ist so, dass die Wissenschaft Euch nicht immer sofort all ihre neuen Erkenntnisse berichtet. Die Wissenschaft testet noch und wenn es vollbracht ist, werden sie Euch berichten. Viele Wissenschaftler wissen, dass es mehr gibt als sie sehen. Sie sind überrascht, wieviel sie im Moment entdecken. Sie entdecken Dinge, von denen sie dachten, dass es sie nicht geben könne, da sie diese nicht auf mathematischen Wegen beweisen konnten. Doch es gibt sie.

Wir erweitern das Wissen Schritt für Schritt für den nächsten Quantensprung. Dies ist notwendig, denn es gibt Wesen, die bereits auf den ersten, bewussten Kontakt zu einer erwachten Menschheit warten. Das Klima auf dieser Erde wird eine höhere Luftfeuchtigkeit haben. Die Wüsten werden belebter, denn in den Wüsten gibt es sehr viel Leben, das bald erwacht. So wird genügend Nahrung auf der Erde sein. Wasser wird zur Sauerstoffgewinnung genutzt werden. Durch die höhere Luftfeuchtigkeit werden am Amazonas Moose wachsen und über die Moose wieder Bäume. Durch das weichere Klima werden andere Bäume wachsen – und auch schneller. Es ist nur eines wichtig, dass die Menschheit erkennt, dass es eine große Vielfalt unter den Menschen gibt – und diesen besonderen Planeten Erde und eine einzige Heimat. Außerdem soll die Menschheit erkennen, dass sie einen der schönsten Planeten hat in diesem Universum und dass die Menschen diesen Planeten hegen und pflegen müssen. Wir helfen dabei. Also fürchtet Euch nicht vor Veränderung oder scheinbarem Untergang. Nichts wird untergehen. Dies lassen wir nicht geschehen. Ihr würdet nicht mehr wachsen. Wir sind voller Liebe zu Euch. Ihr werdet wachsen. So segne ich Euch mit meinen Worten:

KAMPIRIO DORAS ALGERIA RANUS BEHAVI ERONTA SAGNUM ERANTUM TELIAS

Nehmt dankbar die Energie des Bejahens an und seid neugierig auf das Jetzt und die Zukunft der Menschheit. Die Energien der Erde verändern sich stärker. Die Politiker müssen sich an die neuen Gegebenheiten noch anpassen. Es bleibt ihnen keine Wahl. Ihr werdet es sehen. Ich habe gesprochen – Euer Erzengel Michael.

Denkt nicht im Mangel, denkt im Haben. Neue Berufe werden entstehen. Erst waren die Menschen Bauern, dann begann das Industriezeitalter. Die Industrie, genauso wie die Landwirtschaft, werden sich verändern.

Ihr werdet neue Dinge beginnen. Es sind schon neue Berufe entstanden, seid kreativ, lasst in Eurem Geist die Zukunft und das Jetzt zu, damit neue Möglichkeiten für Euch entstehen. Vergesst, wie Ihr früher immer nur als Einzelpersonen gehandelt habt. Lernt eine Gemeinschaft zu sein. Nur so könnt Ihr gedeihen, nur so könnt Ihr wachsen und kreieren und gemeinsam etwas erschaffen. Die Zeiten werden vergehen, in denen jeder Mensch nur für sich arbeitet. Verbindendes soll und wird entstehen. In der Gemeinschaft kommt keiner zu kurz. Alles wächst. Ihr müsst nur Geduld haben – mit Euch selbst und mit dem Wachstum.

So sage ich Euch noch einmal die Worte: „Seid kreativ und denkt nicht, es geht etwas nicht – denn es geht alles!"
Wir erfassen Euren Geist und Eure Gedanken und wenn Ihr etwas wünscht und eine Idee habt, werden wir den richtigen Mensch senden, so dass Ihr lernt, dass wir auf vielen Wegen wirken. So bekommt Ihr das, was Ihr benötigt.

Verschließt Euren Geist nicht und haltet nicht an alten Dingen fest, die Ihr von Kindesbeinen an gelernt habt. Lasst den alten, eingefahrenen Alltagstrott hinter Euch. Verlasst die alten Pfade, lasst Euren Geist zu. Ihr seid großartige Wesen in einem großartigen Geist, haltet Euch nicht klein. Seid groß! Seid das, was Ihr seid und tut das, was Ihr tut mit Freude! Entfaltet Euch und hört auf niemanden, der sagt: „Blödsinn, das kann doch gar nicht sein!"
Entfaltet Euch und hört auf das zu tun, was Ihr immer getan habt, weil Ihr denkt, auf diese Art sicher zu sein, obwohl Ihr schon lange etwas anderes tun wolltet. Tut es! Und wenn es nicht sofort gelingt, so geht die nächste Tür auf – tut es einfach! Darum geht es,

denn den Menschen fällt es oft sehr leicht, mehr an alten eingefahrenen Dingen festzuhalten. So könnt Ihr Euch aber nicht entwickeln. Haltet nicht an etwas fest, weil es die Großeltern so gemacht haben, weil es die Eltern so gemacht haben. Nein, seid Ihr
selbst und lebt Euren Geist und Eure Wahrheit und seid kreativ.
Nur so bekommt Ihr Eingebungen von uns und könnt diese Eingebungen auch verstehen. Macht etwas aus Eurem Geist!
So möchte ich mich bei Euch bedanken, meine Lieben. Denn Ihr
seid alle wunderbar.

Ich bedanke mich. Bis zum nächsten Mal.
Euer Erzengel Michael

Erzengel Ashrael spricht

Ich begrüße Euer Sein in der Dimension der Zeit. Ich bin Ashrael. Eure Dimension ist die Dimension der Zeit. Wir können uns in die Dimension der Zeit einklinken. Ich spreche nun über Dimensionen und den Dimensionswechsel. Der Planet geht in eine neue Dimension, er geht nach oben, heraus aus der festen Materie, hinein in durchlässige Materie. Der Planet befindet sich im Werdungsprozess.

Durch die Energien, die von uns eingeschleust werden, beginnt neues Wachstum und Veränderung auf diesem Planet. Mineralien und vieles andere verbinden sich mit der neuen Energie, die auf die Erde einfließt. Der Mensch selbst schafft dies nicht alleine. Nur mit unserer Hilfe ist der Dimensionswechsel zu schaffen. Wir helfen Euch, wir helfen auch den Wissenschaftlern. Macht Euch keine Sorgen.

Wenn Ihr Channelings hört oder geistige Worte lest, die Euch beim Lichtkörperprozess unterstützen, ist dies zum Teil sehr schmerzhaft. Die Veränderung des Körpers in den Lichtkörper, schleust Energien aus, Tränenattacken, Wut, Hass, Ohnmacht, Depression – all dies geschieht in Euch. Die Zellen bekommen neue Informationen.

Nun werden die Energien überall auf der Erde verteilt. Ihr Menschen habt einen Vorteil. Ihr könnt die Energien nutzen und die Worte der Geistigen Welt hier lesen. Ihr könnt diese Worte nutzen und Essenzen nehmen, welche die neue Energie bereits als Schwingung in sich tragen. Die Essenzen wirken über den Zellkern und die Information der Aura in den Zellen. Sie wirken im Lichtkörper, sie wirken in den Chakren und in der Aura. Sie sind codiert von uns, so dass alles in Euch umgewandelt wird, was nicht mehr zu Euch gehört – nach und nach. Sie beginnen im Geist. Auch die Zelle ist Geist. So ist es, wenn der Körper sich noch in der alten

Schwingung befindet. Oft ist es schwierig für Euch, die unterschiedlichen Energien zu ertragen. Oft schwankt Ihr und fragt Euch: „Ist das jetzt so oder irre ich mich?" Habt Vertrauen!

Was tun die Menschen draußen, die diese Channelings nicht hören oder lesen, die aber genauso von der neuen Energie erfasst werden wie Ihr und diese Hilfestellung nicht erhalten, weil sie diese nicht erkennen oder Angst davor haben? Sie werden depressiv, sie werden krank, weil sie in ihrem Bewusstsein in der alten Schwingung leben und noch nicht erwacht sind. Sie haben die neue Schwingung noch nicht verstanden. Bei ihnen wirkt auch Nahrung oft negativ. Dennoch verteilen wir die Schwingungen auf der ganzen Erde. Alles was hier gechannelt wird, geht in der Schwingung auch nach außen. Wir erreichen die Menschen über den Geist. Der Wechsel in die neue Dimension geht langsam. Ihr müsst alle mithelfen, damit die Menschheit dies schafft. Ihr seid alle auf der Erde inkarniert, freiwillig, um diesen Dimensionswechsel mitzuerleben. Dies mitzuerleben, ist einmalig in der Menschheitsgeschichte. Die Energie des Planeten wird sich verändern – auch in den Farben. Die Energie des Planeten wird größer und farbiger. Der Planet schwingt sich ein in die neue Schwingung. Es ist eine neue Heilschwingung, in die dieser Planet eintreten wird und ihr werdet erleben, wie über Nacht Blumen blühen an Orten, die zuvor ohne Flora waren.

Die Jahre 2009 bis 2012 waren die Vorbereitung. Die Menschen wissen in ihrem Inneren, dass viele Veränderungen auf diesem Planet stattfanden. Viele nehmen dies negativ wahr. Sie spüren dennoch, dass auch in ihrem Inneren etwas geschieht, denn ab jetzt im Jahr 2012 beginnen die Menschen ihren Aufstieg. Sie fühlen sich oft nicht mehr stimmig. Alles in ihrem Inneren purzelt durcheinander. Dies ist der Prozess des Loslassens, des Aufkeimens des Alten und des Zulassens des Neuen. Die Menschen sind orientierungslos – und dennoch spüren sie in sich etwas Neues *aufkommen. Sie spüren ein „Ja" zu sich selbst, ein „Ja" zu dem, was richtig ist und sie wehren sich in ihrem Inneren gegen all dies im Außen, was nicht stimmig zu ihrem wahren Sein ist.*

Die neuen Kinder der Erde, die Kristallkinder, sind revolutionär. Es sind die Indigokinder, welche die Regenbogenkinder erwecken, die inkarnierten Engel sind neu entstandene Engel aus den Kristallen der Urahnen, der Tränen, und die Bluekinder, die reinen Geistes sind. Sie alle kommen vermehrt auf diese Erde und werden vermehrt inkarniert. Sie verändern – wir verändern.

In den letzten Jahren wurdet Ihr auf die starken Veränderungen vorbereitet, die auf diesem Planeten stattfinden, damit Ihr mit allem umgehen könnt, was um Euch herum passiert.

Die Menschen werden vermehrt Heilung für ihre Seelenloslassprozesse benötigen. All die Menschen, die jetzt noch Angst haben, werden da sein, weil sie es mit sich selbst nicht mehr aushalten. Weil sie nicht mehr wissen, was sie mit ihrem Leben anfangen sollen, weil sie nicht mehr wissen, wie sie weitermachen sollen, weil sie an allen Stellen Schmerzen empfinden.

Dann seid Ihr vorbereitet und habt gelernt, ihnen zu helfen. Denn Ihr seid es, auf die diese Menschen zukommen. Ihr habt bereits eine veränderte Aura. Diese Menschen fühlen das immer stärker. Aus diesem Grund weichen sie Euch aus. Eure Aura hat sich bereits verändert und sie wird immer stärker werden. Bisher hat es den anderen Menschen Angst gemacht. Es ist etwas, was sie nur fühlen und was sie nicht benennen können. Doch dies wird sich wandeln, denn sie werden Vertrauen finden und sie werden angezogen werden von Eurer Aura. Die Aura wird mehr geistiges Wissen speichern und glanzvoller werden. Eure Aura wird codiert. Dadurch verlieren die Menschen ihre Angst – die Angst vor dem Unbekannten, die Angst vor etwas, was höher schwingt als sie. Doch sie spüren auch die Liebe und sie möchten wissen, was an Euch anders ist. Warum Ihr so positiv seid, wenn alles andere, zumindest scheinbar, negativ ist. Es ist die Veränderung, die Wandlung. Darum werdet Ihr – so wie es letztes Jahr bereits gechannelt worden ist und so wie es bei Euch jeden Tag aufs Neue geschieht – langsam immer hellsichtiger, immer telepathischer. Denn Ihr seid vorbereitet, Ihr seid vorbereitet für diejenigen, die Eure Hilfe benötigen.

Es gibt Menschen, die sagen, Engel wären nicht ihres. Was sind dann wir? Sie sind selbst Engel, sie wissen es nur nicht. Auch sie werden kommen. Denn auch ihre Seelen wollen erfahren, was die Geistige Welt zu sagen hat, denn sie kommen ursprünglich selbst aus der Geistigen Welt. Wir geben die Impulse, wir geben die Öffnung – es geht von alleine und sie werden es rechtzeitig verstehen.

Es werden auch jetzt noch verstärkt Heilenergien auf die Erde einfließen, verstärkte Impulse. Wir mussten erst diejenigen, die dafür bestimmt sind, ausbilden und diejenigen die noch in alten Mustern denken, vorbereiten, damit die Menschen aufgefangen werden. Dafür benötigen wir viele Helfer. Ihr seid bereit für diese Aufgabe, jeder Einzelne von Euch wird dazu beitragen.

Ich verabschiede mich.
Euer Erzengel Ashrael

Liebe Leserinnen und Leser,

es gibt verschiedene Bewusstseinsstufen. Diese gehen von Null abwärts bis minus Sieben und von Null aufwärts bis plus Sieben. Jede der einzelnen Bewusstseinsstufen trägt in sich sieben weitere Stufen.

In der **Bewusstseinsstufe Null** finden wir Mineralien, Pflanzen und gering entwickelte Tiere. Ein Stein weiß es nicht, dass er ein Bewusstsein hat. Christus spricht: „Ich bin überall. Wo du auch hinschaust, findest du mich."
Alles in dieser Stufe trägt göttliches Bewusstsein, aber nicht alles weiß es.

In der **Bewusstseinsstufe Eins** finden wir höher entwickelte Tiere und niedrig entwickelte Menschen. Diese haben lediglich die Bedürfnisse nach Essen, Trinken und Schlafen.

In der **Bewusstseinsstufe Zwei** ist der erwachte Mensch, der bereits mit Liebe und Verantwortungsbewusstsein zu empfinden beginnt. Er entdeckt auch kosmische und höhere Zusammenhänge.

In der **Bewusstseinsstufe Drei** sind Menschen, die stark mit ihrem Intellekt arbeiten. Diese haben mit ihrem Ego bereits erkannt, dass es höhere Wesen geben muss. Dennoch glauben sie nicht unbedingt daran.

In der **Bewusstseinsstufe Vier** sind erwachte Menschen, die beginnen, Gott wahrzunehmen. Sie glauben an ihn und hoffen auf ihn. Sie versuchen ihr Leben nach dem Göttlichen auszurichten.

In der **Bewusstseinsstufe Fünf** finden wir den erwachten und bewusst gewordenen Mensch, der nicht mehr an Gott im herkömmlichen Sinne glaubt. Er weiß aber, dass es ihn gibt durch eigene Engels- und Gotteserfahrungen.

In der **Bewusstseinsstufe Sechs** ist der, mit dem Göttlichen verschmolzene Mensch. Er weiß, dass er selbst ein höheres Wesen ist und hat die göttlichen Zusammenhänge erkannt.

In der **Bewusstseinsstufe Sieben** sind diejenigen, in denen das göttliche Wesen bereits erwacht ist. Es sind aufgestiegene Meister und spirituelle Lehrer für ihre Mitmenschen.

Nach der höchsten, der siebten Jenseits-Paradiesebene gehen wir in den ersten Himmel des wahren Paradieses der Quelle. Dort wird uns bewusst, dass wir alle Engel sind und ein höheres Selbst haben. Wir werden göttlich geschult, bekommen unsere spirituellen Gaben, um wiederum als Channell-Medium oder Heiler auf der Erde zu wirken und anderen Menschen bei deren Aufstieg zu helfen.

Dieses Buch soll dabei helfen, dass Du Dich spirituell entwickelst und Bewusstseinsstufen überspringen kannst.
Im Nachfolgenden Channelling erfährst Du viel über Energiearbeit und wie Du die Geistige Welt energetisch nutzen kannst, um Dich täglich zu reinigen und zu heilen.

Deine Silvia Kost

Erzengel Haniel spricht

Ich bin Haniel, ein Engel des hohen Rates, ein Lichtengel dieser Zeit.

Was bedeutet dies jetzt in Eurer Zeit, auf Eurer Ebene? Die Stufen der verschiedenen Bewusstseinsebenen sind fließend.

Ihr seid von der zweiten Bewusstseinsstufe erwacht und seid in die Dritte und Vierte gegangen. Nun seid Ihr bereits in die fünfte Bewusstseinsstufe eingetreten.

Ich rufe jetzt die Energie der Wonne, indem ich Sumara und Ashaorn, Sieger Gott und Sieger Göttin rufe, weibliche und männliche Gottheiten, die sich beide verbinden mit der Blume des Lebens und dem Code der Blume des Lebens. Wir verbinden nun die heiligen Pole in Euch. Wir lassen die Symbolik der heiligen Blume in Euch fließen und verankern das Symbol an allen vier Enden, in der Erdatmosphäre an den Polen, in Euch und nach oben ausgerichtet.

Das Licht, welches erschaffen wurde, ist in Euch verankert. Ihr sollt Sein. Sein in der Wahrheit und kraftvoll. Jetzt soll alle Heilenergie der Erde, der Blume des Lebens, in Euch fließen und die Codes in Euch sollen erwachen. Die Blume des Lebens in Euch und in Euren Chakren doubeln sich. Sie bilden einen Ball, sie rotieren in goldener Energie und sie verankern sich mit Eurem wahren Sein, mit Euren Ursprungsenergien und Euren Heilkräften und den Heilkräften von Gaia, der Erde.

Seid herzlich willkommen in unserem Sein. Ihr seid angekommen. Wir segnen Euch und wir beauftragen Euch mit Eurer Kraft, den Menschen zu dienen. Ihr seid nun vollkommen angekommen. Vertraut auf Euer Inneres, und auf Eure innere Führung. Die Aufgaben, die Euch jetzt bevorstehen, werden größer sein als die vorherigen.

Seid Ihr bereit, dass wir beginnen, dass Ihr die Geistige Welt als Eure Führung annehmt und dass Ihr der Geistigen Welt und jedem Lebewesen auf diesem Planeten dienen möget?

Dann sprecht in Eurem Inneren „Ja!"

Wir lassen nun goldene Lichtenergie wie einen Kegel in Euch fließen.

Atmet diese reinigende Energie ein. Atmet sie ein in Euer Gehirn. Verankert die Energie in Euch, in Euren Chakren.

Wir lassen nun alle Farbfrequenzen und alle Heilenergien durch Euch fließen – in Verbindung mit Euren heiligen Namen.

Jeder von Euch steht an seinem Platz. Ihr dürft in Euch sagen: „Wir ziehen diesen Wagen gemeinsam – mit uns, zusammen." In Wirklichkeit braucht Ihr gar nicht ziehen, in Wirklichkeit ziehen wir diesen Wagen. Ihr müsst nur „Ja" sagen.

So werden wir Euch nun mit der heiligen Flamme ausstatten. Mit der Flamme Adun. Diesen Namen hört Ihr heute zum ersten Mal. Adun ist die heilige Flamme. Adun steht außerhalb eines Symbols. Adun ist das göttliche Licht, das göttliche Feuer. Wenn Ihr dies wünscht, lassen wir nun Adun in Euch fließen. Sprecht das Wort „Ja" in Eurem Inneren, wenn Ihr dies wünscht. Das heilige Feuer wird Euch ausrichten. Die Blume des Lebens speichert Wissen und Codes, die Ihr in Eurem Inneren jederzeit abrufen könnt. Adun ist das göttliche Feuer, so dass Ihr auch die Kraft des Feuers in Euch tragt. Werdet Teil in Eurem ganzen Sein, in Körper, Geist, Seele und allen Seelenbereichen. Alles, was jetzt nicht zu Euch gehört, fließe ab und trenne sich ab diesem Zeitpunkt für immer von Euch ab. Das heilige Feuer brennt. Alles was nicht in das Feuer gehört, geht.

Ihr seid gestützt von den Säulen Gottes, – der Anarchenergie der männlichen Säule und der Anurenergie der weiblichen Säule, die das Kreuz bilden. Nehmt dies in Eurem Inneren an. Dies wird Euch schützen. Fühlt in Eurem Inneren die große Kraft Eures Geistes wachsen. Fühlt die Kraft Eures wahren Seins. Denn nur in Glück-

seligkeit, Wahrheit, Wahrhaftigkeit und Liebe kann man senden und ernten. Wer im göttlichen Feuer erwacht, erwacht für immer. Fühlt Eure Größe. Ihr seid größer als Euer Körper. Weitet Euch aus und werdet größer. Bildet eine Kugel um Euch. Lasst die Energie wachsen und sendet die Energie über den ganzen Erdball. Hüllt die ganze Erde in diese Energie – im Innen wie im Außen – im heiligen Feuer. Sendet die Energie ins Universum und in alle Universen bis hinauf zum Schöpfer. Sendet sie an alle Engel und an alle Wesen, die es im Universum gibt. Erweitert Eure Energie und lasst Euer begrenztes Sein los. Ihr seid unbegrenzt. Arbeitet mit Eurem Geist und sagt in Euch selbst: *„Ich bin göttlicher Geist, ich bin Geist"* und erinnert Euch an Eure Vollkommenheit. Fühlt Eure Vollkommenheit und Euren Glanz. Fühlt Eure Größe. In diesen Bewusstseinszuständen sind Wunder möglich. In der Flamme des göttlichen Feuers reinigt sich alles. Sendet nur reine Gedankenkräfte und Geisteskräfte zur Schwingungserhöhung und zur Reinigung der Erde. Sendet diese an alle Wesen, an jede Zelle, an jedes Atom. Ihr werdet größer und werdet eins mit allem. Verbindet Euch energetisch mit allem Sein und fühlt die Einheit, den Ursprung, aus dem alles entstand. Fühlt das „Ist" in diesem Ursprung, die Wahrheit, die Wirklichkeit und fühlt vor allem diese Kraft. Nun arbeitet mit dieser Kraft und sendet Euch selbst Impulse, als wäret Ihr der Engel und Ihr würdet zu Euch selbst sprechen. Seht Euch als großen Erzengel und sprecht zu Eurem Sein auf der Erde. Fühlt Euch, als wäret Ihr Gott. Fühlt den Gott in Euch und sprecht liebende Worte und heilende Worte aus einer höheren Frequenz und höheren Ebene zu Eurem Sein auf der Erde.

Steigt jetzt nach oben.

Tretet mit Eurem Geist aus und steigt auf eine höhere Ebene, in eine weitaus höhere als die jetzige. Fühlt Euren kraftvollen Geist. Das seid Ihr und sprecht zu Eurem Sein auf der Erde. Sagt Eurem Sein, was es tun soll, sendet ihm Heilung und Eure Kraft aus dieser Energie, in der Ihr jetzt seid. Euer Geist ist heilig und kraftvoll. Es ist alles möglich in dieser Schwingung. Begrenzt Euch nicht. Sendet, was Ihr wünscht im göttlichen Feuer. Ihr könnt Euch nun auf dieser Ebene mit Eurer göttlichen Mutter und mit Eurem göttlichen Vater verbinden und Euch mit ihnen unterhalten. Nun sendet Euch selbst aus dieser Ebene – aus der Engelsebene, in der Ihr jetzt seid – heilige Worte, heilende Worte, die großartigsten Worte, die Ihr kennt. Lasst alles zu, was an Großartigkeit aus Euch kommt. Sendet Euch alle Liebe und alle Gesundheit aus dieser Ebene. Ihr seid gesund, Ihr seid vollkommener Geist. Heilt Euch aus Eurem Geist heraus. Tut es selbst. Ihr könnt das. Ihr tragt die Kraft Gottes in Euch. Nehmt Eure Energie an, aus der Ihr kommt. Verbindet Euch mit der Energie, die Ihr seid und sendet sie Euch selbst aus den hohen Ebenen des Lichts und der Flamme zu. Sendet Sie Eurem inneren Kind, das Ihr seid.

Alles, was Ihr diesem Kind sagen wollt, sagt es aus den hohen Schwingungen Eures wahren Seins heraus und steigt noch höher und noch höher – bis hinauf in die puren göttlichen Ebenen. Fühlt den Gott und die Göttin in Euch und sendet die Energie dieser Ebenen zu Euch auf die Erde, zu Eurem Sein und sendet Euch selbst alle Liebe. Das ist die wahre Kraft. So haltet für einen Augenblick diese Kraft. Eure Seele, Euer Geist wird sich daran erinnern. Ihr werdet es von nun an selbst tun können. Alles, woran Ihr Euch erinnert, kanntet Ihr bereits. Es ist Euch nicht fremd, denn es ist göttlich.

So werdet jetzt heil, so, wie Ihr Euch Heil sendet – aus den hohen Ebenen. Bleibt so lange in dieser Schwingung, wie Ihr wünscht und dann kommt allmählich wieder zu Euch auf die Erde.

Ich verabschiede mich.
Euer Erzengel Haniel

Ruth spricht

Ich bin Ruth, ich bin ein Geistwesen aus uralter Zeit. Ich bin ein Geistwesen der Weisheit, der Wonne, der Fügungen und der Führungen. Ich komme zu Euch in roter Energie.

Was ist Fügung? Was ist Führung?
Wann können wir Engel fügen? Wann können wir führen?
Wir fügen immer. Wir fügen, dass Eure Seele lernt. Wir fügen, damit Eure Seele rein wird. Wir fügen beide Seiten. Wir fügen im Notfall, dass Ihr nicht immer wieder an einen falschen Arbeitsplatz geratet. Wir fügen neue Menschen zu und fügen Hinweise, wenn es nicht der richtige Weg ist. Das bedeutet, dass Ihr zwei Hinweise erhaltet. Ihr erhaltet immer doppelte Hinweise. Darum müsst Ihr Euch immer wieder entscheiden, bis Eure Seele gelernt hat, sich von vornherein für das Richtige zu entscheiden. Dies ist der Lernprozess. Keine Entscheidung wird Euch abgenommen. Ihr lernt selbst in Eurem Inneren. Das ist Fügung. Doch der große Weg, der in dem Buch des Lebens steht, was Ihr mit Sananda, Euren Engeln und Euren Geistführern gelernt habt, führt bei uns in die Geistige Welt. Je nach Ebene wurdet Ihr mit Wissen und mit Gaben ausgestattet. So kamt Ihr auf die Erde und so gab es noch Lernaufgaben und Fügungen. Am Ende des roten Fadens steht das endgültige Ziel. Das wahre Ziel Eurer Seele wird dadurch erreicht. Doch nicht nur an der Oberfläche, sondern in einem tiefen inneren Wissen des wahrhaftigen Seins – des „ICH BIN" – wird jede Seele geführt und gefügt.

Es gibt viele verschiedene Seelen auf diesem Planeten. Sie gehen ureigenste Wege. Sie gehen oftmals den Weg der Dunkelheit. Doch auch ihr Weg wird nach oben gehen, denn jegliche Seele stammt von oben, auch die negativste. Am Ende ist die Heimat einer jeglichen Seele das Licht, woraus wir sind und wo wir geboren worden sind – denn wir sind aus Licht und Liebe geboren. Im Ursprung sind wir Lichtwesen und unsere Geburtsstadt ist Gott, sind die hohen Ebenen Gottes. Jede Seele strebt in ihrem tiefsten Inneren eines Tages wieder die Heimat an. Dies geschieht oft durch viele Inkarnationen und Lernen. Es kann lange dauern, bis die Seele den Weg nach oben wieder gefunden und erkannt hat, was ihre wahre Heimat ist, vor allem, wenn die Seele es vergessen zu haben scheint. Aber sie hat es nicht wirklich vergessen. Ein Lichtwesen, wie es jeder Mensch und jedes Lebewesen ist, vergisst nie, woher es kommt. Das Wissen um die Herkunft ist nur verschüttet und verborgen. So fügen wir immer beide Wege, den einen und den anderen. Nur so könnt Ihr lernen und eigene Entscheidungen treffen. Letzten Endes trifft die Entscheidung Eure Seele. Wir wünschen Euch und vielen Menschen, auch draußen, dass sie weniger kopfgesteuert sind und mehr ihre Seelen sprechen lassen. Denn auch Ihr könnt nicht mehr verbergen, wie es wirklich um Euch steht. In der Wahrhaftigkeit könnt Ihr nichts mehr verbergen. Dort steht Eure Seele pur da, wie sie wirklich ist, das reine Licht und jeder Schmerz, wird wie auf dieser Erde, genauso bei uns geheilt. Am Ende steht Ihr wieder da, wie die herrlichen Lichtwesen, die Ihr seid. Denn das, was Ihr wart, seid Ihr immer noch. Ihr seid das, woraus ihr geboren worden seid, das pure Licht – direkt von Gott. Wie könntet Ihr das nicht sein? Das Licht erlischt nie. Ihr seid es immer noch, nur, dass Ihr es zum Teil vergessen habt. Ihr seid pures Licht, großartige Engel und vieles mehr. Und alles, was ist, ist Erinnerung. Der Mensch muss wissen, was er ist – Licht und Liebe aus dem Ursprung.

Nun zur sogenannten Ursünde. Ihr seid aus Licht geboren, aus purer Liebe mit reinem Wissen, Gnade und Barmherzigkeit. Ein Wesen, das voller Licht ist und in der Reinheit existiert, kann nicht wissen, was es bedeutet, nicht in Reinheit zu sein. Ein Wesen, das Licht ist, muss sich erfahren, um zu wissen, was Licht ist – darum die Materie, darum die Erfahrungen. Es sind die gesammelten Erfahrungen

Gottes. Jedes einzelne Wesen, das hier inkarniert ist, ist ein Teil Gottes. Darum könnte man auch im übertragenen Sinne sagen: „Du bist Gott und ich bin Gott, Ihr seid es alle. Ihr seid es in der Vollkommenheit, im reinen Licht. Das Göttliche ist in Euch." Das pure Göttliche ist pures Licht mit der Erfahrung der Erde und der Materie. Es kommt auf die Schwingung an, an die Ihr denkt. Denkt Ihr negativ, denkt Ihr dunkel oder denkt Ihr positiv und lichtvoll? Alles wird transformiert und ins Licht gebracht. Die ganze Menschheit muss sich transformieren – ansonsten wird getrennt. Wenn alle Wesen auf diesem Planeten wüssten, dass sie pures Licht sind und jedes Wesen pures Licht ist und alles göttlich ist, würden die Wesen auf diesem Planeten anders miteinander umgehen. Sie würden sich nicht klein fühlen. Niemand würde sich klein fühlen. Aber Ihr lernt immer dazu. Darum nennen wir Euch auch Kinder Gottes.

In unseren Augen gibt es nichts Schlechtes. In unseren Augen ist es ein Lernen und eine Entwicklung, denn wir können es aus einer überirdischen Sicht und aus der göttlichen Sichtweise erfassen. Ihr erfasst noch so manches aus der menschlichen Sichtweise – und das ist auch richtig so, weil Ihr noch nicht in der göttlichen Sichtweise angekommen seid. Es gibt noch viel zu viel aufzuräumen in den Menschen und viel zu viel Arges und Unpassendes. Es existieren noch zu viele unterschiedliche Schwingungen und ein Durcheinander. Dennoch wisset: jeder wird geführt und jeder bekommt Fügungen. Bei jedem dauert es unterschiedlich lange. Bei der einen Seele dauert es 300 Inkarnationen, bei einer anderen nur 20, oder 1000 und mehr. Bei uns gibt es keine Zeit, bei uns ist alles gleichzeitig.
Ihr müsst Euch das so vorstellen: Auf der Erde ist es heiß und kalt. Bei uns ist es lauwarm. Alles geschieht gleichzeitig, alle Energien sind gleichzeitig. So können wir uns verschiedene Varianten aussuchen und können alles beeinflussen. Wir beeinflussen jedes Wesen immer aus der Sicht des Lichtes. Wir lassen auch die

Schattenseiten zu, damit Ihr stark und kräftig werdet. Damit Ihr erkennt, dass Ihr bewusste Wesen seid und werdet. Starke Wesen, damit Ihr später – wenn Ihr wieder bei uns im vollkommenen Licht seid – wisst, wer Ihr seid. Denn die hohen Lichtwesen, die noch nie auf dieser Erde waren, wissen nur durch Euch und Eure Erfahrung, wer sie sind. Sonst würden sie es nicht wissen. Wie kann ein Licht das wissen, wenn es nur Licht ist und nichts vom Nicht-Licht erfährt? Darum seid stolz auf Euch und Euer Wachstum, Eure Bereitschaft und dass Ihr bald woanders ankommen werdet. Bleibt ganz fest im Vertrauen in der nächsten Zeit, denn im Außen kommen noch so manche turbulenten Situationen auf Euch zu. Wenn Ihr in Eurem Inneren, in Eurer Kraft, in Eurer Zuversicht bleibt, habt Ihr eine große Energie. Denkt an das Schiff. Ihr werdet durchgesteuert und es kann Euch nichts treffen. Bleibt in Eurem Inneren sicher, sicher verankert auf dem Schiff. So werden wir Euch fügen und führen über das Schiff. Euch kann nichts geschehen. Wir fügen und alle von Euch haben die Erfahrungen gemacht, dass die unmöglichsten Dinge wahr werden können. Dinge, von denen Ihr nie dachtet, dass sie funktionieren, werden plötzlich wahr. Darum vertraut!

Wir lieben Euch alle sehr. Wir lassen Euch niemals fallen, wenn Ihr Euch selbst nicht fallen lasst. Ihr dürft Euch niemals fallen lassen, niemals aufgeben. Wenn Ihr Euch aufgebt, können wir Euch nicht mehr führen und Euch nicht mehr erreichen. So ist es bei Selbstmördern, die sich fallen lassen und aufgeben. Wer aufgibt, den erreicht das Leben und die Lebensenergie nicht mehr. Auch wir erreichen sie nicht mehr und so haben wir sie verloren. Sie schämen sich hinterher – im Licht – dass sie das Leben weggegeben haben, weil sie Leben sind, weil sie Licht sind und wir konnten sie nicht mehr führen. Das ist die größte Traurigkeit. Sie schämen sich und sie fühlen sich dem Licht nicht würdig. Es ist falsch, dass man sagt, es sei eine Sünde, sich das Leben zu nehmen und dass man damit ewige Verdammnis erfahren würde. Natürlich kommen auch sie ins Licht. Wir müssen aber schwer mit ihnen arbeiten, dass sie sich würdig fühlen, im Licht zu sein. Wir verzeihen immer, wir lieben immer. So müssen wir sie lange heilen und überreden, wieder zu uns zu kommen. Darum versteht meine Worte, sendet ihnen, wenn Ihr so etwas erfahrt, Licht, Liebe und Trost, damit sie wieder nach Hause gehen, wenn sie eine Inkarnation nicht geschafft haben. Wir nehmen sie in Liebe auf, wir heilen sie und lassen sie erst wieder in eine Inkarnation, wenn sie stark genug sind. Glaubt mir, auch sie kommen ins Licht.

So danke ich Euch.
Ich verabschiede mich.
Eure Ruth

DIE LEICHTIGKEIT

Shakti spricht

Erwache, mein Kind Gottes – ich bin Shakti. Ich bin gekommen, Dich zu trösten und Dich zu führen. Fürchte Dich nicht. Wir wissen um Dich. Wir wissen um Deine Tränen, wir wissen um Deine Angst. Ich kenne Dich. Ich sende Dir jetzt, in diesem Augenblick, meine vollkommene Kraft. Meine Energie ist gelborange. Ich lasse meine Kraft, meine Barmherzigkeit und meine Liebe durch Dich fließen, mein Kind. Ich will Dir jetzt mit diesen Worten die Angst nehmen. Die Angst vor dem Leben und was noch auf Dich zukommen könnte. Lasse jetzt Deine Angst, die Dich verfolgt, los. Lasse Deine Gegenwart los, die Dich verfolgt. Ich nehme Dich jetzt in meine bedingungslose Liebe. Ich nehme Dich auf in meine Energie und nehme Dich in meine Arme. Ich bin Shakti – und wir beide haben miteinander gesprochen, so wie auch Melek Metatron und Sananda, Deine geistigen Führer und Deine Schutzengel, mit Dir sprachen. Gebe mir jetzt Dein Leid, Deine Angst und Deine Alltagssorgen. Gebe mir alles, was Dich bedrückt, damit ich Dein Sein und Deine Umgebung mit Licht durchfluten kann. Denn ich wünsche, dass es Dir gut geht. Du sollst getragen sein von meinem herrlichen Licht und meiner Energie.

Fürchte Dich nicht.
Ich werde jetzt zu Dir kommen und meine Energie durch Dich fließen lassen. Ich fasse Dich an und lasse meine Kraft der Heilung durch Dich fließen. Ich gebe meine Kraft und mein Licht in Deine Situationen, in Deinen Alltag, um all das, was so beschwerlich für Dich ist, zu lösen. Du wirst sehen, dass Dein Leben Leichtigkeit erfährt. Ich will mit meinem Strahl vorausgehen, auf welchem Weg Dich Deine Füße auch tragen. So will ich meine Energie vor Dir her senden, damit ich alles mit meiner Energie reinige. Du brauchst mir nur zu danken und es aus Deiner Seele heraus wünschen, dass ich dies tue. Denn ich wünsche mir, dass Du, wenn

Du diese heiligen Hallen verlässt, die am heutigen Tage heilige Hallen sind, das Licht vor Deinem Weg siehst und dass Du nie mehr in Angst und Sorge lebst, sondern, dass Du in Deinem Inneren frei bist.
Ich lasse nun meine heilige Kraft durch Dich fließen. Du sollst gereinigt sein von aller Belastung. Atme tief ein und aus.

Jegliche Situation, an die Du jetzt denkst, jegliche Situation gebe ich in mein Licht und löse alles darin auf, was energetisch nicht stimmig für Dich ist. Du sollst wissen, ich liebe Dich bedingungslos und endlos. Du bist ein herrliches Wesen. Nehme meine Hand, so lasse ich die Energie durch Dich fließen. Ich löse alles im Licht auf. Es ist bedingungslose Liebe bei mir. Ich lasse die Energie durch Dich fließen. Lasse Deine Tränen los, gebe Deine Situation in mein goldenes Licht. Nehme die Liebe an, die jetzt fließt, ich löse auf in Deinem Herz und in Deiner Seelen. Ich befreie Dich hier und jetzt von aller Last. Lasse los, lasse Deine Tränen fließen, lasse einfach los – Du bist bedingungslos geliebt. Halte jetzt nichts zurück. Du brauchst Dich nicht zu beherrschen. Das Leben ist schwer. Es gibt viel Beschwernis in diesem Leben, doch wir kennen Deine Seele – lasse los – nehme die Heiligung und die heilige Energie an, die jetzt in Deinem Leben und in Dir fließt. Es fließt bedingungslose Liebe. Ich lasse meine Kraft durch Dich fließen und all Deine Situationen. Fühle die Kraft der bedingungslosen Liebe. Bei uns gibt es kein Urteil. Wir sind Liebe. Gebe alles in meine Energie der göttlichen Kraft, der heiligen Flamme und der goldenen Energie. Atme tief ein und lasse alles los. Benutze Deinen Atem. Ich fließe ein in jede Situation und in jede Zelle. Ich lasse einfließen die bedingungslose Liebe. Du bist unendlich geliebt, mein Kind. Lasse alles einfließen in mein goldenes Licht. Ich löse alles für Dich auf. Ich nehme Dich an in meinem Herz und in meinem Geist, so wie ich es immer tat. Ich bin Shakti, weibliche Göttin, die Dich kennt und sogar noch mehr kennt, als Du denkst.

Bei mir ist bedingungslose Liebe. Lasse alles los, was blockiert. Lasse Deine Tränen fließen, egal, wie stark sie jetzt kommen. Lasse sie fließen. Ich bin bedingungslose Liebe. Lasse los. Ich gebe Dich nun in die heilige Flamme in die heilige Flamme des Christus-Lichtes, in die höchste Flamme, die es gibt in die Reinigung. Ich heiße Dich herzlich willkommen in der heiligen Welt, denn dort sollst Du sein. Dies ist Dein angestammter Platz. So heiße ich Dich willkommen und segne Deinen Weg und gehe Dir voraus in all Deinen Situationen. Benutze Deinen Atem. Die heilige Flamme Sanandas, weißes kristallenes Licht fließe in all Deine Situationen und wandle sich, wie es dem Göttlichen entspricht und Deiner wahren Seele. Die Flamme des heiligen Feuers diene Dir und wandle alles zum Guten. So geschehe Versöhnung und Aussöhnung auf allen Ebenen und es werde nichts verlangt, was Du nicht kannst.

So sende ich Dir die heilige Flamme meiner Ebene, meines Seins. Ich ziehe mich jetzt zurück. Denke an meine Worte, ich habe alles gereinigt.
Großes wird geschehen in Deinem Leben. Erfasst Dich vollkommen in vollkommenem Licht und Glanz, Du bist helles, weißes, kristallenes Licht und Du trägst ein weißes Kleid.
Ich verabschiede mich nun von Deinem Herz. Doch ich werde dennoch in Deinem Herz und in Deiner Energie bleiben. Das gesagte Wort ist und verblasst nicht wie das Menschenwort in einem Augenblick. So wisse, dass die Worte, die aus dem Geist kommen, bleibend und von Dauer sind. Sie sind permanent gegenwärtig.

Ich verabschiede mich.
Deine Shakti

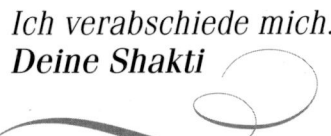

Horus spricht

Die Spaltung der Sprachen geschieht immerdar. Es gibt auch ohne Worte Trennungen der Sprache. So gibt es viele verschiedene Länder mit unterschiedlichen Sitten und Sprachen. Das ist allerdings keine Spaltung der Sprache. Was in Wahrheit schon immer getrennt wurde, ist die Spaltung des Geistes von „Habenwollen" und Egoismus zu dem, was der Geist sagt. Denn der Geist spricht durch die Liebe und durch das wirkliche Sein. Durch das wirkliche Sein könnt Ihr alles erreichen, was das Göttliche in Euch ist. Alles, was wahrhaftig in Euch ist. Dies könnt Ihr auf der Erde und in der Materie erreichen. Was Ihr sucht, ist, alles zu erreichen, was in Eurem Geist verankert ist, dass die Spaltung der Sprache in Euch abfließt, dass die wahren Worte Eures Geistes zu Euch sprechen. Es ist der Sinn des Lebens, dies zu erfassen, im Hier und Jetzt, in der Zukunft und auch im Geistigen Reich. Es ist eine Reise. Es sind Gaben, die Ihr mitgebracht habt. Es ist verschlossen worden durch Worte, denn Worte tragen Energien durch die Art und Weise, wie man sie ausspricht. Es sind nicht die Worte, es ist das „Wie", denn alles schwingt und alles schleust sich ein und bringt Euch Codierung. Bestimmte Worte verschließen Euch, denn Ihr müsst bedenken, dass Ihr aus der göttlichen Schwingung stammt und alles, was niedriger ist als die göttliche Schwingung, verschließt Euch unbewusst vor Eurer eigenen Wahrheit. Darum benötigt Ihr die göttliche Wahrhaftigkeit und die Sprache des Göttlichen. Erst dadurch könnt Ihr wieder geöffnet werden, weil Ihr aus dem Göttlichen kommt. Dann können die falschen Codes, die durch Sprache übermittelt werden, ausgeschleust werden. Ihr werdet geboren. Ihr habt Eltern, Verwandte, Geschwister die Euch codieren. Sie sprechen nicht die Sprache des Geistes. Doch Ihr kommt wie jedes Kind aus dem Geist. Jeder Säugling auf dieser Erde hat diese Reinheit und trägt die Reinheit des Geistes in sich. Kinder sind anfänglich

noch unverfälscht. Dann entstehen irdische Bedürfnisse wie Trinken, Nähe und andere menschliche Bedürfnisse. All die göttlichen Bedürfnisse kann ein Mensch nicht abdecken. Was Ihr lernen solltet auf dieser Erde, ist, dass Ihr als Mensch dies alles Euch selbst nicht geben könnt. Auch wenn Ihr Euch noch so bemüht. Ihr versucht das Beste und dennoch ist es nicht genug. So ist es. Deshalb fühlt Ihr Euch oft schlecht, weil Ihr im Vergleich zu den geistigen Worten und zu dieser Liebe nichts vermögt. Könnt Ihr diese Liebe Euren Kindern im Alltagsleben vermitteln – wenn sie weinen oder wenn sie schreien? Ihr könnt es nicht, Ihr seid Menschen. Könnt Ihr Euch vorstellen, dass wir dies mahnen, dass wir dies verurteilen oder bestrafen? Das wäre unsinnig, wenn Ihr es doch gar nicht zu tun vermögt. Die Sprache des Geistes hilft Euch, Euch selbst zu verstehen. Sie hilft Euch, Euch so zu lieben, wie Ihr seid. Ihr spürt, dass eine große Liebe in Euch schlummert, für Euch selbst, aber auch für andere. Ihr wisst, dass niemand von Euch vollkommen ist. Vollkommen werdet Ihr im Geist.
Ihr seid vollkommen, doch das tatsächliche, vollkommene Leben könnt Ihr erst dann leben, wenn Ihr in einer anderen Schwingung seid. In einer höheren, harmonischeren Schwingung, in der Ihr alle in diese Harmonie bekommt, ohne irdischen Blockaden, ohne die Blockaden, die negativen Schwingungen, die Euch überall eingetrichtert werden. Also lasst diese Schwingungen nicht so sehr an Euch heran, wenn Ihr könnt, wenn Ihr im Bewusstsein lebt, dass dies nicht die wirklichen Schwingungen sind, dass die wirklichen Schwingungen aus dem Geist kommen und aus der wahrhaftigen Liebe. Wenn Ihr wisst, dass Ihr daraus geboren worden seid, dann strahlt Ihr etwas aus. Ihr strahlt es nicht immer aus, aber Ihr strahlt es aus, bis Ihr so weit seid und wir so weit sind, dass wir alles ausgerichtet haben. So werdet Ihr es von selbst sein, das was Ihr wirklich seid. Oft ist durch äußere Umstände und durch innere Unklarheiten noch einiges in Euch im Argen. Wie sollt Ihr dann immer lichtvoll sein? Es gab Einen, der dies war,

dies sagten wir bereits, es war Sananda, es ist Sananda. Er dient der ganzen Erde zur Orientierung – und so auch Euch, damit Ihr Euch erinnert, was die Geistige Welt wirklich ist, nämlich pures Licht, Liebe, Gnade und Barmherzigkeit und dass Ihr dies selbst auch in Euch seid – in der Wirklichkeit. Dies bleibt, wenn wir alles von Euch nehmen, Euer irdisches Kleid, all die Schmerzen, die Euch zugefügt wurden und alles, was niedriger ist und außerhalb dieser Liebe, außerhalb der Wahrhaftigkeit schwingt. Alles, was außerhalb der Wahrhaftigkeit ist, erkennt Ihr in der niedrigen Schwingungswelt als Realität. Doch Ihr seht, es gibt zwei Welten. Die geistige Wahrhaftigkeit und die irdische Realität. Doch unsere Wahrhaftigkeit ist die Wirklichkeit und die Wirklichkeit ist die Realität, die bleibend ist. Diese Realität verändert sich laufend in Eurer Welt, denn Eure Realität ist nicht die Wirklichkeit. Wie kam es dazu, dass Ihr aus der Wirklichkeit in eine Materie gekommen seid, in eine Realität, in eine Schwingungseinheit, die nicht der Wirklichkeit entspricht?

Tief in Eurem Inneren, wo Eure Liebe und Euer wahres Sein ist, herrscht diese Wirklichkeit. Ihr fühlt sie in Euch. Jeder von Euch weiß dies bereits, dass das, was Ihr fühlt, die Wirklichkeit ist. Ihr habt begonnen, Euch selbst zu fühlen, Euch selbst wahrzunehmen, Euch wahrhaftig wahrzunehmen. Ihr fühlt jetzt, dass Ihr uns und unserer Schwingung immer näher kommt. Und Ihr fühlt Euch plötzlich nicht mehr so sehr außerhalb dieser Wahrhaftigkeit, sondern Ihr kommt mehr und mehr an, innerhalb dieser Wahrhaftigkeit. Aus diesem Grund verspürt Ihr oft die Realität draußen als fremd, als ob Ihr nicht dazu gehört. Es ist eine andere Schwingung als die Wahrhaftigkeit. Die anderen, die noch in dieser alten Schwingung sind, in der irdischen Realität, fühlen sich zu Euch nicht zugehörig. Sie können sich diese hohe Schwingung nicht vorstellen. Sie wissen nicht, was das ist. Sie gehen ihren gewohnten Gang. Sie sind noch nicht eingetreten in die Schwingung der Wirklichkeit. Wie könnt Ihr damit umgehen? Ich sage Euch das Wort:

„Es heißt Liebe." Darum fühlt jetzt die Liebe in Euch, die durch Euch fließt. Es ist schwer, sogar eine der schwersten Aufgaben, wahrhafte Liebe nach außen zu strahlen.

Ihr seht das Bild von Sananda. Pure Liebe, pure Energie. Er würde jeden erreichen auf diesem Erdboden, heute, da er Geist ist. Als er Mensch war, wurde er getötet und er hat nicht jeden erreicht. Was ist nun an Euch anders, die Ihr auch nicht jeden erreicht – und Ihr seid nicht er und doch seid Ihr er, denn er ist in Eurem Inneren. Nur seid Ihr noch Jürgen, Jutta oder wie Ihr heißt, mit all Euren Teilaspekten und Inkarnationen und Erlebnissen. Wie könnt Ihr nun mit Eurer eigenen Persönlichkeit und mit Eurem eigenen Erleben, mit Euren eigenen Programmierungen, das rüber bringen, was Sananda nicht konnte? Erst nach seinem Tod wurde seine Botschaft klar. Heute, in diesen Zeiten, geschieht dennoch ein Wunder. Man kann ihn nicht vergessen und er wirkt immer noch, stärker und stärker. Er ist energetisch da, er wirkt durch viele Menschen und er ist in Euch. Ihr erwachet immer mehr, durch Sananda und durch mich, Horrus, Melek Metatron, Shakti und alle Engel, wie Ihr sie nennt. Wir wollen dafür danken. Ihr seid unsere Brüder und Schwestern – die Kinder Gottes, Kinder meines Seins, Kinder meines „ICH BIN".
Wenn Ihr den Namen Gott nennt, hört sich das für Euch außerhalb von Euch selbst an. Nehmen wir einen anderen Namen, damit könnt Ihr besser damit umgehen. Wie kann man sich vor etwas fürchten, was Euch erschaffen hat? Ihr könntet nie existieren, wenn das große Ganze, mein „ICH BIN" dies nicht wollte – das ist die Logik.
Ich lasse nun alle Regenbogenenergien sternförmig wie eine aufgehende Sonne über Euch kreisen. Sie sind rechts schwingend. Ich lasse sie über Euch rotieren. Wir nehmen jetzt fehlerhafte Codes auf. Diese rechts schwingende Energie wirbelt. Es werden alle Codes die schädlich sind gesammelt. Ich ziehe sie jetzt von

*Euch ab. Sie werden aufgesogen und die Mitteilungen werden ge-
löscht. Sie werden in Energie umgewandelt und in göttlichen
Codes zurückgesandt.*

*So vergebe ich Euch jedes Wort, was nicht der Wahrhaftigkeits-
schwingung entsprach. Vergebung bedeutet Auflösung. Es ist nicht
mehr vorhanden. Euer Verstand ist es, der Euch ein Schnippchen
schlägt. Es ist die Erinnerung, in der die Codes gespeichert werden. Wenn sich etwas wiederholt, ist es ein Code, eine Erinnerung.
Sagt dieser Erinnerung: „Du bist umgeschwungen, du darfst dich
jetzt anders erinnern."*
*Diese Worte müsst Ihr immer wieder sagen, damit sich Euer Ge-
hirn umstellt, denn Euer Gehirn ist ein Programm. Ein Computer,
der alles aufgenommen hat. Euer Gehirn kann nicht unterschei-
den, ob es Mathematik ist oder Philosophie. Ihr habt diese Worte
so genannt. Euer Gehirn ist nur ein Erinnerungsspeicher, ein Com-
puterprogramm und die gesagten Worte habt Ihr in Schubladen
gepackt, in eine bestimmte Sprache, negativ, positiv – es darf sein,
es darf nicht sein – ich möchte vergessen, ich möchte nicht vergessen, ich kann nicht vergessen…*

*Es gibt Programme und Überprogramme in Eurem Gehirn. Wenn
die Programme kommen, die wir jetzt ausschleusen, die Codierun-
gen – und sie kommen immer wieder über das Gedächtnis – dann
sagt einfach: „Du bist umgewandelt. Liebes Gedächtnis, speichere
das Umgewandelte und lösche das Alte." Dies wird Euer Gehirn
nicht sofort begreifen.*
*Stellt Euch einen PC vor, auf dem Ihr die alten Dinge löschen
müsst. Dort könnt Ihr einfach auf einen Knopf drücken. Hier müsst
Ihr dies über Wiederholung tun. Ist die Wiederholung um ein Pro-
zent häufiger in Euer Gehirn eingespeist als das Alte, so überlappt
es sich und das Gehirn hat begriffen, dass es das Alte nicht mehr
speichern muss. So arbeitet Euer Gehirn.*

Euer Gehirn erinnert sich auch an Emotionen und bei einer ähn-
lichen Situation schleust das Gehirn ähnliche Emotionen ein. Es
sind Erinnerungen. Seht Ihr, wie schwierig es ist? Dies bedeutet
für Euch, dass Ihr wirklich klar mit Euch selbst arbeiten müsst.
Es ist wie ein Training. Euer Gehirn ist wie ein Muskel, ein Erin-
nerungsspeicher, mehr nicht. Es ist elektromagnetisch. Wir kom-
men mit unseren elektrischen Feldern an Euer Gehirn. Dennoch
ist Euer Gehirn sehr stark und sehr mächtig. Darum ist es wichtig,
dass Ihr selbst jetzt diese Worte speichert und Euch immer selbst
erinnert. Erinnert euch daran, dass Ihr das Gedachte – was immer
wiederkehrt – neu codiert mit den Worten: „Ich brauche dich nicht
mehr, es ist etwas anderes eingespeist. Bringe mir die anderen
Codes. Bringe mir das neue Wissen." Dann wird Euch Euer Gehirn
das andere Wissen geben. Es ist ein Training, der Synapsen, des
elektromagnetischen Feldes. Es ist am Anfang anstrengend die
Worte immer wieder in das Bewusstsein zu holen. Dennoch tut es.
Das Gehirn wird sich daran gewöhnen und Ihr werdet so umgepolt
wie Ihr dies wünscht. Überlasst Eurem Gehirn nicht mehr die Füh-
rung. ***Benutzt Euer Gehirn für logisches Denken, für das***
Nachdenken, aber überlasst Eurem Gehirn nicht mehr die
geistige Führung. Es kann Euch geistig nicht führen. Über-
lasst dem Geist die Führung.

Nehmt die Energie der Worte immer und immer wieder in Euch
auf. Lest die Worte immer und immer wieder, wiederholt alles. So
wird Euer Geist mehr und mehr die Führung übernehmen und
Euer Gehirn wird sich fügen.
Euer Gehirn und Euer Geist sollen mehr und mehr eins werden
und in die Vollkommenheit des Denkens geraten. Programmiert
Euer Gehirn um. Es wird funktionieren mit Übung, Geduld und mit
Hilfe der Botschaften aus diesem Buch. Es wird mit der Zeit im-
mer mehr und mehr geschehen. Ihr müsst es nur tun. Ihr denkt
jetzt: „Das ist schwer", das ist sicher richtig. Im ersten Moment

ist dies sehr schwer, weil Euer Gehirn automatisch arbeitet. Doch geht in Euren Geist. In dem Moment, in dem Ihr dies denkt, atmet ein und geht aus Eurem Verstand, aus der Kontrolle Eures Verstandes und schwingt Euch in Euren Geist ein. Euer Geist hat auch ein Gehirn. Es ist das göttliche Gehirn und wenn Ihr dann in Euren Geist geht, so hat Euer Gehirn keine Chance mehr. Darum übt mehr und mehr auch Euer geistiges Gehirn sprechen zu lassen.

Ich bedanke mich.
Euer Horrus

Erzengel Michael spricht

Ich bin Michael.

Ruhe kehre ein in diesem Augenblick. Ruhe in Deinem Geist. Ich lasse in Deine Körpermitte einen Bergkristall einfließen. Er ruht in sich selbst. Er unterstützt Dich in Deiner tiefen Ruhe. Ruhe in Deinem Geist, mein Kind.

Nehme tiefe Atemzüge. Beruhige Deine Gedanken. Werde ruhig wie ein Edelstein. Der Bergkristall ruht in Dir. Verbinde nun Dein Innerstes mit dem Stein in Deiner Mitte. Werde ruhend, werde eins mit dem Bergkristall in Dir. Achte auf Deine Gedanken, sie kommen und sie gehen. In die Ruhe und die Leere kommen die Gedanken. Denke darüber nach: „Wann kommt mein nächster Gedanke und was ist mein nächster Gedanke?"

Atme ein in Dein Herz. Spüre die Leere zwischen Deinen Gedanken. Fühle die Leere zwischen Deinen Gedanken. Es ist keine Leere – es ist Deine göttliche Kraft. Die Ruhe in Dir, die sich verbindet mit Deinem Bergkristall. Atme ein und aus. Spüre den Bergkristall in Dir, werde zu einem Bergkristall. Du versinkst in die innere Welt des Bergkristalls.

Du siehst vor Deinem geistigen Auge eine wundervolle Landschaft, einen Wasserfall und einen See. Frieden und Klarheit liegt in dieser inneren Welt des Bergkristalls. Das Wasser ist ganz klar und rein. Viele bunte Fische schwimmen in diesem See. Eine kleine Insel wächst aus diesem See. Papageien fliegen umher. Viele tropische Pflanzen und Tiere bevölkern die Gegend. Ein Gebirge ist um Dich herum. Du bist umgeben von einem herrlich blauen Himmel und einer Sonne, die eine angenehme, gleichmäßige Wärme spendet. Du fühlst, dass dieser Ort eine sehr hohe Energie trägt. Du fühlst in Dir Geborgenheit an diesem Ort. Es ist ein Ort der Dir Schutz bietet, Erholung und Ruhe in Deinem Geist schenkt, so dass Du ganz und gar abschalten kannst. Es *ruft Dich keine Pflicht. Deine Seele und Dein Geist dürfen sich an diesem Ort erholen. Die Tiere an diesem Ort sind voller Zutrauen.*

Du legst dich dort in den Sand. Du hörst den Wasserfall rauschen. Du atmest die herrliche reine Luft ein und fühlst das pure, pulsierende Leben, das voller Harmonie um Dich herum entspringt. Tiere, die voller Zutrauen sind, kommen zu Dir. Sie legen ihren Kopf auf Deine Hände, sie setzen sich auf Deine Schultern oder zu Deinen Füßen. Sie setzen sich neben Dich auf einen Stein und beobachten Dich voller Vertrauen. Die Ruhe und die Kraft, die dieser Ort ausstrahlt, gibt Dir Zuversicht und Klarheit.

Die reinigende Kraft dieses Ortes lässt Dich erst erkennen, unter welchem Druck Du standest. Tränen fließen aus Deinen Augen. Sie lösen sich wie von selbst. Du fühlst Dich, als hättest du Dich ein Stück weit verloren. Dieser Ort gibt Dir etwas, was Du vermisst hast. Er gibt Dir Dich selbst wieder zurück. Denn dieser Ort bist in Wirklichkeit Du selbst. Der Alltag und die Schwernisse Deines Lebens, der Existenzkampf, das Misstrauen und das Unverständnis der anderen Menschen haben Dich müde gemacht.

Doch dieser See, an diesem Ort, scheint mit Dir zu sprechen. Selbst die Fische. Wenn Du an das Ufer des Sees trittst schwimmen sie auf Dich zu, offen, frei und voller Neugierde. Du kannst wahrnehmen, dass Dir all diese Freude bringen möchten. Sie kommen auf Dich zu und Du fühlst folgende Worte: „Wir heißen Dich herzlich willkommen und freuen uns, dass Du hier bist. Wir möchten Dir Freude schenken, denn wir sind Freude." Du denkst Dir: „Oh, in meinem wirklichen Leben habe ich keinen solchen Ort, an dem ich dies erleben darf. Dies ist ein besonderer Ort, an dem ich meine Seele auftanken und alles loslassen kann, was mich belastet."

Du sprichst mit den Tieren, in Worten und Gedanken. Die Tiere hören Dir zu. Sie verstehen jedes Wort, das Du zu ihnen sprichst.

160

Sie bitten Dich, eine Runde im See zu schwimmen. Du bist ganz allein an diesem Ort, niemand stört Dich. Du legst Deine Kleider ab und betrittst den See. Du beginnst zu schwimmen und die Fische begleiten Dich. Sie schwimmen mit Dir im See. Jede Bewegung die Du machst machen sie mit. Es ist ein herrliches Gefühl der Begleitung. Du schwimmst so lange, bis Du aufgetankt und voller Freude bist.

Die Abenddämmerung bricht herein. Du steigst aus dem See. Du hast eine wohlige Wärme in Dir und Du denkst: „An diesem Ort möchte ich länger bleiben! So lange, bis ich einen ganz klaren Geist habe und ich voll und ganz aufgetankt bin."

Die Abenddämmerung ist da und es ist eine herrliche Wärme. Du brauchst keine Decke. Du siehst ein Stück volles, weiches Moos. Du legst Dich auf dieses Moos. Tief und fest schläfst Du ein. Du weißt, hier musst Du Dich um nichts kümmern. Du darfst da sein, Dich erholen und Dich ausruhen, so lange wie Du eben möchtest. Hier darfst Du auftanken.

Du richtest Dich auf und lauschst in die Nacht hinein, und Du stellst fest, dass alles hier voller Frieden ist. Die Dämmerung ist da und ein Rehlein kommt herbei. Es setzt sich zu Dir und Du kannst es streicheln.

Du siehst plötzlich vor Dir einen glänzenden Stein. Du nimmst ihn auf und denkst: „Der sieht aus wie ein Diamant, er hat eine besondere Kraft." Der Diamant beginnt mit Dir zu sprechen. Er sagt zu Dir: "Ich bin der Diamant Deines Herzens." Du schüttest vor diesem Diamanten all deine Sorgen aus und er sagt zu Dir: „Wasche mich in dem See, so spüle ich all Deine Sorgen hinweg, denn ich bin der Diamant Deines Herzens – lupenrein." Es ist ein riesengroßer Diamant. Er ist so groß wie Deine Handfläche. Du hast eine Frage an diesen Diamanten. Es ist eine ganz große Herzensfrage, und du fragst ihn: „Es geht um eine Herzensbitte, es ist mein ganzes Herz. Bitte, gibt es etwas, was mir helfen kann, was mir diesen Wunsch erfüllt?"

Ist es vielleicht die Frau Deines Herzens, ist es vielleicht der Mann Deines Herzens, ist es vielleicht Dein Kind oder irgendetwas anderes, etwas was Du dringend benötigst, was Dein Herz und Deine Seele dringend ersehnt. Der Diamant spricht zu Dir: „Ich bin die Reinheit Deines Herzens – lupenrein. Schau mich ganz genau an." Der Diamant trägt oben und unten eine Spitze, eine doppelte Pyramide.

Plötzlich bilden sich in seiner Mitte viele, viele kleine Diamanten. Er sagt zu Dir: „Ich habe soeben die Reinheit Deines Herzens und Deine Wünsche in mich aufgenommen und ich habe all Deine Wünsche in Diamanten verwandelt. Ich bin Dein, ich bin Dein wahres Herz. In mir sind alle Deine Wünsche erfüllt, denn ich möchte, dass Dein Herz froh und heiter ist und Du erfüllt wirst von der Liebe, der Liebe der Welt. Nehme mich nun in beide Hände."

Du nimmst den Diamanten in Deine Hände und fühlst die Kraft des Diamanten. Du spürst, dass dieser Diamant sich in Energie auflöst und er wie Staubbrösel aus Deinen Händen fließt. Der Staub, der zerbröselt, sind all die Blockaden, die Deine Wünsche behindert haben. Das verbleibende pure Licht des Diamanten, die pure Energie, liegt nun in Deinen Händen. Der Diamant spricht zu Dir: „Lege nun meine Energie in Dein Herz. Du nimmst diese Energie in Deine Hände, die pulsierend ist und gibst diese Energie in Dein Herz. Atme nun in Dein Herz.

Die Energie des Diamanten verankert sich in Deinem Herzen. Die Kraft der Energie und die Stärke die Du fühlst, beginnt sich auszubreiten. Gib nun dieser Kraft Nahrung und atme wieder in Dein Herz. Leichtigkeit kehrt in Dein Herz ein. Schmerz und Schwere fließen ab.

Konzentriere Dich nun auf die Kraft im Inneren dieses Diamanten, die Du in Deinem Herzen trägst. Schaue nun in Dein Herz. In Dein Herz, das zu einem Diamanten geworden ist. Sieh genau hin.

Du siehst, dass dieser Diamant nicht mehr lupenrein ist. Es ist etwas in diesem Diamanten. Du siehst, wie dieser Diamant in Deinem Herzen schwingt und sich bewegt. Und du siehst, dass es aussieht, als ob sich kleine Steinchen in diesem Diamanten geformt haben.

Der Diamant bewegt sich in Deinem Herzen. Du siehst auch, dass dieser Diamant diese Steinchen ausschleust. Umso mehr sich dieser Diamant dreht und bewegt, desto klarer wird er wieder. Und Du fühlst, wie jede Belastung in Deinem Herzen abfällt und alles was Dich belastete leichter wird. Die Schwere aus Deinem Herzen ist weggeblasen.

Im Inneren dieses Diamanten wächst nun ein junger, neuer Diamant heran. Er trägt die Strahlkraft eines dreischenkligen Kreuzes in sich. Es bildet sich im Diamanten Deines Herzens die heilige Merkaba. Ein Engel in Deinem Herzen beginnt zu wachsen. Ein Engel, der Ruhe und Gelassenheit ausstrahlt, voller Reinheit und ohne Schmerz.

Lasse die Energie in Deinem Herzen wirken. Du wirst sie nie wieder verlieren und die heilige Merkaba in Deinem Herzen ist von nun an in Dir verankert.

Dein Erzengel Michael

Ich bin das oben und das unten, das unten und das oben,
das rechts und das links, das links und das rechts.

Die heilige Merkaba, beschreibt unsere vollkommene „Ich Bin Gegenwart", so dass wir in unserem Unterbwusstsein, im Karmabewusstsein, im Seelenbewusstsein und im spirituellem Bewusstsein in die Vollkommenheit eintreten können. Das bedeutet, dass die Erkenntnisse, welche die Leser aus diesem Buch ziehen können, zu der abgebildeten Vollkommenheit führen.

Christus, Sananda und die Engel sprechen

Ich bin Christus Sananda.
Meine geliebten Kinder der Wahrhaftigkeit, des Seins, der Gaben,
der Fülle im Herzen. So möchte ich Euch am heutigen Tage be-
grüßen.
Eure Seele erinnert sich. Es ist eine Wonne, eine Erinnerung an
Euch selbst, Eure wahre Herkunft, Eure Wirklichkeit. Erinnert
Euch, Ihr müsst nicht werden, denn Ihr seid.
Lasset nun meine Energie in Euch geschehen. Lasset meine Ener-
gie fließen.
Ich rufe nun Eure Schutzengel an Eure Seite, um die Kraft zu ver-
stärken. Sie verbinden sich nun mit Eurer Energie. Meine Energie
fließt ein in Euer Herzchakra.
Atmet meine Energie ein. Lasset all Eure Gedanken los. Fühlet
die erquickende Energie meiner Wahrhaftigkeit. Fühlet.
Atmet ein in Euer Herzchakra, in dem ich Euch erfülle mit meiner
Wahrheit, die Eure Wahrheit ist und mit meiner segensreichen
Energie versehen wurde.
Atmet ein in Euer Herzchakra.

Ich rufe meinen Bruder Uriel.

Ich bin Erzengel Uriel.
Gnade sei mit Dir, mein Kind. Ich lasse meine Energie in Dich flie-
ßen und nehme Kontakt auf zu Deinem höheren Selbst mit meinem
rubinroten Strahl.
Ich lasse meine Energie fließen in Dein Sakralchakra.
Deine unteren Chakren, die für Deine Tatkraft zuständig sind, wer-
den nun gestärkt.

Dein Sakralchakra weitet sich aus, damit meine Energie darin Platz findet.

Kuthumi mit seinem lichtvollen Strahl verbindet sich mit meiner Energie. Es ist der Strahl der Nahrung in Dir.

Fülle, Wahrhaftigkeit und Stärke sollen nun in Dir Platz finden.

Wir gehen nun weiter in Dein Sakralchakra, das in der Mitte Deiner Hüften sitzt.

Ich lasse ein Symbol des vollkommenen Friedens in Dein Sakralchakra. Fühle mehr und mehr Deine Wahrheit in Dir. Alles in Dir ist friedlich.

Du fühlst den Zug nach unten und bist beim festen Betreten dieses heiligen Planeten angekommen. Meine Energie erfüllt Dein ganzes Sein. Atme ein in Dein Sakralchakra.

Ich rufe nun meine Schwester Shakti.

Ich bin Shakti

Du vollkommenes Sein, ich lasse nun meine Energie der goldenen Mitte, der Kraft und der Wahrhaftigkeit in Dein Sakralchakra fließen.

So verbinden sich nun die weibliche und die männliche Kraft in Deinem Sakralchakra.

Fühle die Wärme und die Geborgenheit in Dir, wie in Deiner Mutter Schoß. Und fühle die Geborgenheit Gaias.

Sende nun Deine Energie über Dein Sakralchakra in den Erdmittelpunkt. Denn ich sage Dir:

Das Sakralchakra der Erde sitzt im Erdmittelpunkt, verbunden mit der Blume des Lebens und dem Orakel von Asharon. Hier sitzt die Geburt, das Wachsen und das Gedeihen. Hier sitzt Deine wirkliche energetische Nahrung. Hier sitzt die Energie, die Du aufnehmen kannst über Dein Sakralchakra zur Heilung für Dich, für Körper, Geist und Seele über die Energie Gaias, der Mutter Erde.

Ich bin Gaia

Ich begrüße Dich nun mit einer goldenen Rose. Ich heiße Dich herzlich willkommen. Ich setze symbolisch eine goldene Rose in Dein Sakralchakra.

Sende ihr diese Energie der Geborgenheit wie in Deiner Mutter Schoß zurück in den Erdmittelpunkt.

Ich bin Erzengel Raphael.

Ich grüße Dich. Ich werde nun meine Energie in Dein Wurzelchakra fließen lassen.

Meine goldene Energie fließt ein in Dein Wurzelchakra. Hier fühlst Du, dass Du Dich selbst herzlich willkommen heißt auf diesem Planet. Hier fühlst Du, wie Gaia Dich willkommen heißt.

Hier fühlst Du eine große Kraft und eine Gewissheit in Dir, dass Du hier auf diesem Planet willkommen bist und eine besondere Aufgabe in Dir trägst.

Hier fühlst Du das Wunder Deines Lebens und das Erwachen in der Materie.

Sende nun die güldene Energie Deines Wurzelchakras an Gaia zurück, an das Wurzel-Chakra der Erde. Mit den Worten: „Bitte wandle meine Energie in positive Energie um".

Ich bin Gaia

Ich begrüße Dich nochmal mit den Worten des Wurzelchakras:

DONA SEDAS SHEDAS

Verstehe meine Sprache, mein Kind. Tief in Deiner Seele erkennst Du diese uralte Sprache. Es ist die Sprache des Lebens.

Atme nun diese Energie ein. Ziehe die Energie von unten nach oben in Dein Herz.

Sende nun vertrauensvoll Deine Energie aus beiden Füßen tief nach unten zu Gaia und verankere Deine Energie in ihr.
Atme tief ein. Verlasse nun Dein irdisches Bewusstsein und fühle nun die Sonnenenergie Gaias.
Nun fühlst Du Dich wie ein Baum, der von unten genährt wird, der erfüllt wird von der Energie Gaias und der Energie der absoluten Heilung für Körper, Geist und Seele.

Ich bin Maria, die Mutter Gottes.

Ich lasse nun meine Energie über Deine Kniekehlen fließen. Erfasse meine Wahrheit und meine Wärme, wiege Dich wie im Wind. Denn alles, was ist, wiegt sich im Wind, im Rhythmus der Erde.
Engel berühren nun Deine Hände. Beide Chi-Engel, die Dir Christus Sananda zur Seite gestellt hat. Sie lassen ihre Energie durch Deine Hände fließen.
Mein Kind, bitte nun Deine Chi-Engel, ihre Kraft zu verstärken. Bitte sie, dass sie ihre Engelsenergie mit ganzer Kraft durch Dich und durch Deine Hände fließen lassen.
Danke ihnen mit den Worten: **Danke für die heilige Energie.** *Fühlst Du, dass Du diese Worte kennst? Selbst, wenn Du sie heute das erste Mal hörst, so erkennst Du sie wieder. Es sind die Worte Deiner Seele. Die Worte zur Begrüßung und des Wiedererkennens Deiner Wahrheit.*

Ich bin Erzengel Haniel.

Ich lasse nun eine warme, orangefarbene Energie in Dein Halschakra fließen.
Deine Seele beginnt im Inneren zu singen. Singe meine Seele, denn Du bist Klang und Gesang in der Wahrhaftigkeit.
Ich führe Dich nun mit meiner Energie in eine wahrhaftige Schwingungsfrequenz, in den Klang Deiner Seele. Sie schwingt und sie klingt. Denke dabei an Blumen.

Sende nun, Du meine Seele, Deinen Klang an Gaia zurück, zurück an das Halschakra der Erde.
Klinge und fühle Deine Fülle, fühle Deinen herrlichen Klang. Höre Deinen Klang in Deinem Inneren aufsteigen. Du bist Klang, Du bist kosmische Musik. Höre nun Deinen Klang, der aus Deinem Halschakra fließt.

Ich bin Horrus.

Ich lasse nun meine Energie in Dein Sewajachakra zwischen Deinen Schulterblättern fließen. Es fließt bis außerhalb Deines Körpers wie Engelsflügel.
Ich lasse meine türkisblaue Energie in Dein Sewajachakra fließen. Ich lasse die Energie fließen aus dem Reich des 26. Tores der Engelskräfte, der Erzengel und der Seraphime.
Fühle die Kraft in Deinem Rücken. Denke dabei an Feuer.
Atme in Dein Sewajachakra, mein Kind. Erkenne nun in Dir den Engel, der Du bist.
Fühle in Dir Deinen Engel.
Schicke die Energie an das Sewajachakra der Erde außerhalb des Planeten. Es kommt an.
Fühle nun in Dir Deine Göttlichkeit und die Vielfältigkeit Deines Seins. Weite Deinen Geist aus, weite Dich über diesen Planeten hinaus aus. Fühle Dein Engelwesen in Dir.

Ich bin Seraphis Bey.

Ich bin bedingungslose Liebe, einer der ersten Engel, die entstanden sind.
Ich lasse meine Energie in Dein Luinachakra fließen.
Ich lasse nun Deine linke und rechte Gehirnhälfte, die weibliche und die männliche Seite, ineinander fließen, so dass sie im Einklang sind.

Ich bringe nun dieses Chakra zum Schwingen. Dein Luinachakra beginnt zu vibrieren. Denke dabei an Gott.

Dein Luinachakra verbindet sich mit Deinen Augen, damit innere Klarheit durch Dein inneres Auge herrscht. Fühle nun Dein Licht und Deine Kraft durch Dich fließen. Fühle, wenn Du denkst, dass Du sendest. Fühle Deine geistige Kraft, die Dir dieses Chakra verleiht. Fühle nun Deine Göttlichkeit.

Ich, lasse nun die Energie in Dein Eranuschakra außerhalb Deines Hinterkopfes fließen.

Ich öffne nun Dein Eranuschakra. Denke dabei an das Leben.

Ihr seht, alles ist miteinander verbunden. Frühling, Sommer, Herbst und Winter.

Fühle nun so langsam die Verbindung mit Deinem Höheren Selbst und Deinem unendlichen Leben. Fühle nun Deine Wahrheit, dass Du immer existent warst, dass Du nichts anderes kennst als Existenz.

Ich öffne nun Dein Kronenchakra.

Fühle nun, wie die Kraft der Wahrhaftigkeit Dein Kronenchakra erfüllt. Denke dabei an Schnee.

Fühle nun über Dein Kronenchakra, dass Du mit dem ganzen Universum und allem Leben verbunden bist.

Fühle den Bewusstseinsstrom allen Lebens, der göttlichen Ursprungs ist.

Ich verbinde Dich nun mit Deinem Enochchakra, über Deinem Oberkopf. Dort sitzt das Bewusstsein Deines höheren Selbstes. Ich öffne nun Dein Enochchakra vollkommen.

Dein Enochchakra, das verbunden ist mit Gott. Denke dabei an die heilige Quelle und Deine göttliche Führung.

Dein Enochchakra wird geöffnet und die göttliche Energie fließt ein in Dein Enochchakra.

Fühle, wie Du über all die Planeten hinauswächst.

Dein Seelenkörper in der Geistigen Welt ist etwa 3,5 Meter groß, Dein Geistwesen umfasst alle Existenz.

Fühle, dass Du größer bist als das ganze Universum. Nimm wahr, dass es über dieses Universum hinaus noch viel, viel mehr gibt und Du dort existierst.

Ich verbinde Dich nun mit der Quelle selbst. Mit dem Chakra der Quelle, über Deinem Oberkopf. Es ist mit der Quelle verbunden.

Ich, Seraphis Bey öffne Dir nun das Chakra der Quelle, Deiner Quelle. Denke dabei an Heilung.

Fühle nun bedingungslose Liebe, fühle Weite, fühle, wie das Leben pulsiert in allem Sein. Fühle nun, wie Du angenommen, eingebettet und eingebunden bist mit allen Engeln, mit allen aufgestiegenen Meistern und fühle den Frieden.

Weite Deinen Geist, Du bist nun in Dir angekommen.

Nun sende aus, was Dein Geist und Deine Seele benötigen und begrenze Dich nicht. Was Du nun benötigst, ist, dass Du Dich immer so fühlst wie jetzt in diesem Augenblick.

Begrenze Dich nicht. Alles, was Du in Dir als Wahrheit fühlst und als Dein angestammtes Recht als göttliches Wesen empfindest, soll Dein sein. Erfasse es jetzt in Dir, in Deiner Wahrheit und bitte Deine geistigen Helfer, Brüder und Schwestern, Deine Engel, es für Dich auf diesem Planeten, bei uns und in der Quelle zu verwirklichen.

Nimm Dir Ruhe und Zeit dafür, alles dies jetzt zu erbitten.

Fühle Dein angestammtes Recht, Deine Wahrheit zu erhalten.

Fühle, wie all Deine Angehörigen, die gegangen sind und nun im Himmelreich weilen, auch Deine Wünsche entgegennehmen und Dir helfen möchten, diese für Dich zu verwirklichen.

Denn wenn Du es für Dich in Deinem Geist verwirklichst, so verwirklichst Du es tatsächlich auch für sie.

Ich lasse die Energie noch durch Dein Drittes Auge fließen. Ich öffne nun Dein Drittes Auge, so dass Du in Deinem eigenen, inneren, geistigen Schauen siehst und sehend bist und Dich verändern kannst mit den Engeln. Alles, was Du Dir vorstellst, kann Wahrheit werden.

Fühle nun Dein inneres Glück. Fühle Dich glücklich. Sei glücklich.

Ich lasse Dich jetzt los. Du darfst nach Deinem eigenen Rhythmus langsam in das Hier und Jetzt zurückkommen.
Ich bedanke mich und verneige mich vor Deiner göttlichen Wahrheit.

Ich verabschiede mich nun von Dir mit allen meinen Engeln.
Dein Christus Sananda

Grenzen setzen

Auch ich möchte in meinem Alltag hier und da einmal ein Eis mit Sahne essen, ohne dabei an das Schmelzen der Polkappen zu denken.

Immer wieder bin ich selbst aufgefordert, eigene Grenzen zu ziehen zwischen meiner göttlichen Berufung und meiner eigenen Person.

Arbeite ich zu viel auf den geistigen Ebenen, bekomme ich die Quittung ganz irdisch präsentiert. Wenn zum Beispiel der TÜV meines Autos ist abgelaufen und ich eine saftige Strafe bezahlen muss. Ich vergesse Geburtstage von lieben Menschen, die sich dann bei mir beklagen und ich esse die falschen Dinge oder bewege mich zu wenig in der Natur. Meine Waage und mein Allgemeinbefinden zeigen dann einen deutlichen Kurswechsel an.

Andersherum gilt dasselbe. Beschäftige ich mich zu viel und zu lange mit irdischen Ängsten, Zweifeln, Geschäftsangelegenheiten und anderem mehr, dann findet ebenfalls ein Kurswechsel statt.

So kann es sein, dass mich die Geistige Welt nachts im Traum intensiv lehrt und schult. Diese Schulungen sind oft sehr streng und eindrucksvoll.

Handelt es sich um Reinigung, Feuer, Funken und Flammen, brenne ich innerlich so stark, so dass ich nach dem Aufwachen, meist 4 Uhr früh, sofort eine ausgiebige, kühle Dusche brauche. Meinen Nachbarn und Mitbewohnern wird so, ungewollt, einiges abverlangt.

Ganz anders sind die Traum-Einweisungen, wenn es um Schuldgefühle, Tränen, Verlassenheitsängste und die Liebe geht.

Ich erlebe diese Gefühle intensiv und spüre, wie die Geistige Welt daran arbeitet. Wie es sich anfühlt, wenn zum Beispiel Erzengel Raphael beginnt, zu reinigen und zu heilen. Was wird leichter? Wie fühlt es sich an? So kann ich aber meinen Klienten im Alltag wissend zur Seite stehen.

Am Morgen nach solchen Nächten fühle ich mich, als wäre ich die ganze Nacht Hochgeschwindigkeits-Achterbahn gefahren. Meine engsten Mitarbeiter haben großes Verständnis für mich nach solchen Nächten und wundern sich schon lange nicht mehr, dass ich am folgenden Tag keinen vernünftigen Gedanken denken, geschweige denn sprechen kann. Sobald die vielschichtigen Informationen vollständig in mir integriert sind, habe ich einen Riesen-Appetit auf Linsen mit Spätzle und bin danach wieder ein völlig „normaler Mensch".

Nun will ich Dir liebe Lesein und lieber Leser etwas über die Chakren erklären. Studiere zunächst die Energien der Chakren auf der nachfolgenden Seite.

Um Dich selbst zu regenerieren nutze jeden Morgen Atemübungen in Deine Chakren, bis Du das Gefühl hast, dass sie Regenbogenfarben sind. Die Symbole sind beweglich und dienen dazu, Deine Chakren-Energien zu stabilisieren. Konzentriere Dich auf die Farben im jeweiligen Chakra und stelle fest wie die Energie Deiner Chakren sich verändert und welche Information Dir die einzelne Farbe mitbringt.

Deine Silvia Kost

Die Chakren-Energien

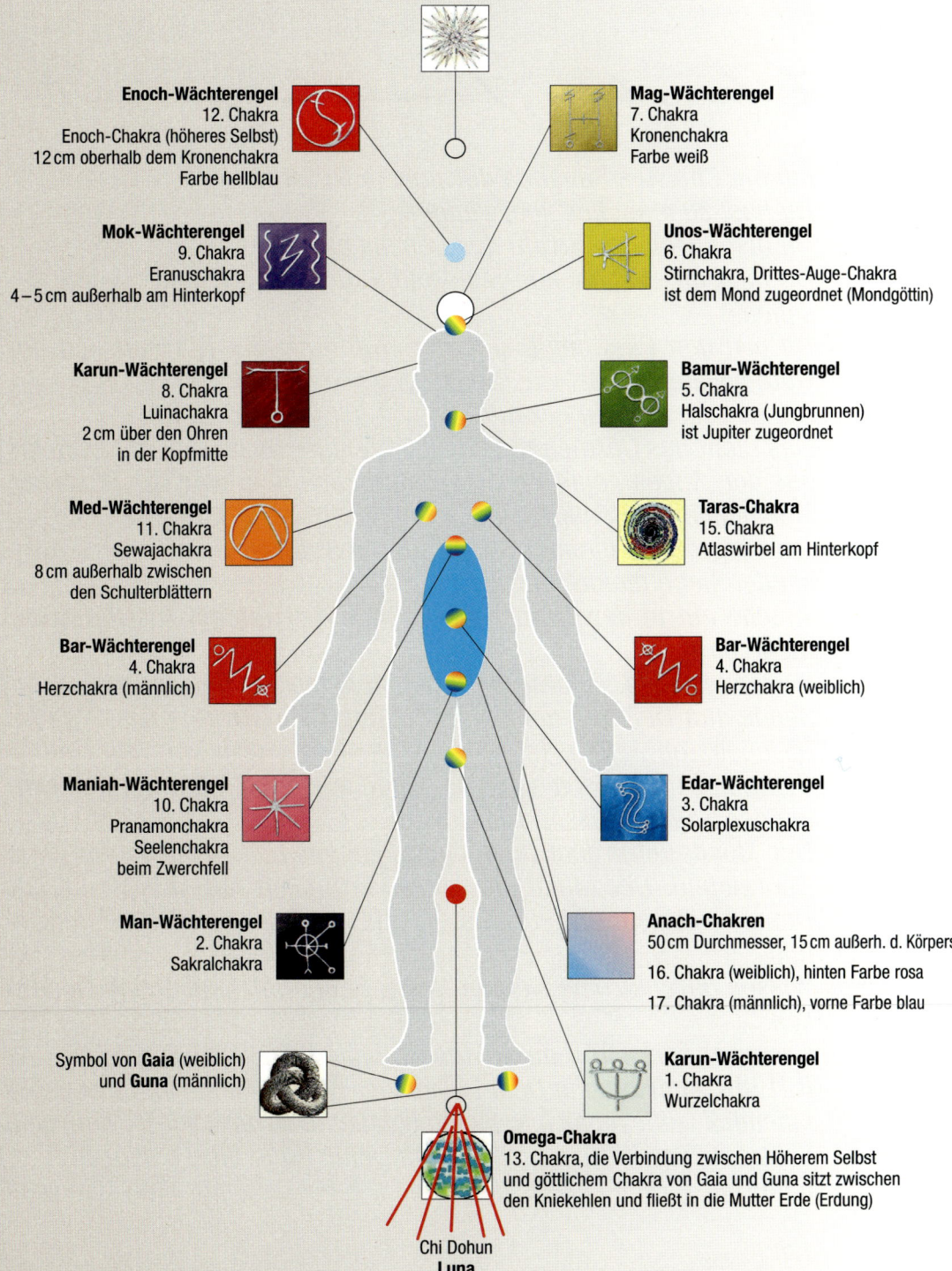

Alpha-Chakra
14. Chakra (göttliches Selbst), 30 cm über dem Enoch-Chakra, Farbe weiß

Enoch-Wächterengel
12. Chakra
Enoch-Chakra (höheres Selbst)
12 cm oberhalb dem Kronenchakra
Farbe hellblau

Mag-Wächterengel
7. Chakra
Kronenchakra
Farbe weiß

Mok-Wächterengel
9. Chakra
Eranuschakra
4–5 cm außerhalb am Hinterkopf

Unos-Wächterengel
6. Chakra
Stirnchakra, Drittes-Auge-Chakra
ist dem Mond zugeordnet (Mondgöttin)

Karun-Wächterengel
8. Chakra
Luinachakra
2 cm über den Ohren
in der Kopfmitte

Bamur-Wächterengel
5. Chakra
Halschakra (Jungbrunnen)
ist Jupiter zugeordnet

Med-Wächterengel
11. Chakra
Sewajachakra
8 cm außerhalb zwischen
den Schulterblättern

Taras-Chakra
15. Chakra
Atlaswirbel am Hinterkopf

Bar-Wächterengel
4. Chakra
Herzchakra (männlich)

Bar-Wächterengel
4. Chakra
Herzchakra (weiblich)

Maniah-Wächterengel
10. Chakra
Pranamonchakra
Seelenchakra
beim Zwerchfell

Edar-Wächterengel
3. Chakra
Solarplexuschakra

Man-Wächterengel
2. Chakra
Sakralchakra

Anach-Chakren
50 cm Durchmesser, 15 cm außerh. d. Körpers

16. Chakra (weiblich), hinten Farbe rosa

17. Chakra (männlich), vorne Farbe blau

Symbol von *Gaia* (weiblich)
und *Guna* (männlich)

Karun-Wächterengel
1. Chakra
Wurzelchakra

Omega-Chakra
13. Chakra, die Verbindung zwischen Höherem Selbst
und göttlichem Chakra von Gaia und Guna sitzt zwischen
den Kniekehlen und fließt in die Mutter Erde (Erdung)

Chi Dohun
Luna
Farbe rot, Nutze die Lunaenergie zur Erdung (Heilung) – Verwurzelung, Kundelinikraft (Lebens-Energie)

Christus, Sananda spricht

Ich bin Christus Sananda der nun zu Dir spricht.

Du hast so manches überwunden.

Du bist durch den Strahl des Lebens gegangen.

Du hast die aufgehende Sonne und die untergehende Sonne gesehen.

Du bist den Pfad der Liebe, der Hoffnung, der Klarheit und der Güte gegangen.

Du hast mein Licht erkannt, so wie ich Dich erkannte.

Das Licht des Göttlichen hat Dich niemals verlassen, hat Dich nie aus den Augen gelassen. Herkömmliches Sein war Dir zu wenig, Vollkommenheit wolltest Du sehen.

Ich vergrößere meinen Strahl, den ich durch Dein Drittes Auge sende. Siehe meine Energie.

Tauche ein in den Tunnel des Lichts vor Deinem Dritten Auge. Siehe das „Ist".

Was, mein Kind, möchtest Du im nächsten Jahr erfahren?

Sende nun Deine Gedanken in meinen Lichtstrom. Alles, was Du im nächsten Jahr erfahren möchtest und was ich, der Heilige Geist, in Dir auflösen soll, das sende mir jetzt. Alle Energiestrahlen der Engel erfassen Dich.

Der Mond, unter dem Du bisher gegangen bist, verlässt nun Dein Energiefeld. Der Mond, der alles verdunkelt hat, der Mond, der Deine Energien ausgebremst hat, er verlässt nun Dein Energiefeld.

Wissen durchströme Deinen Geist. Sende mir nun Deine Gedanken.

Gesegnet seiest Du, mein Menschenkind. Die Wahrhaftigkeit, die ICH BIN, kehrt nun in Dein Leben ein. Bleibe von nun an lebensbejahend. Zweifle an nichts, bleibe bejahend, so dass wir Dich ab dem heutigen Tage in Dein Licht und in Deine Fülle führen können.

Ich erfasse Dich bereits mit meinen Energien, mit allen Energien der Wahrheit und der Wahrhaftigkeit. Viele Wesen auf diesem Planeten werden nun meine Wahrhaftigkeit erfahren.

Alle Fülle, die Du für Deine Seele benötigst, alle Liebe, die von der Göttlichkeit dem puren Licht gesandt wird, kehrt nun in Dein Leben.

Mein Kind, so will ich mich Dir nun offenbaren. Alle die dieses Wort das ich gesprochen habe, lesen, alle, die sich auf meine Energie einlassen, die sich auf meine Energie einstimmen, alle, die es vermögen, meine Wahrhaftigkeit zu erkennen, werde ich reich beschenken. Denn dies wird Eure Erlösung sein und meine Dankbarkeit an Euch.

Ich möchte Dich in dieser Energie lassen und nicht für diejenigen Botschaften verkünden, die es nicht vermögen, meine Energie anzunehmen. Wir überlassen es ihnen selbst, denn Engel arbeiten an ihnen. Es ist wichtig, dass Du in die Wahrheit und in die Fülle kommst. Alle göttlichen Energien umschließen Dich. Es ist das Wasser des Lebens, das Wasser der göttlichen Ströme, das ich jetzt über Dich ausschütte.

So wahre Dein Herz im rechten Glanz Gottes und Du wirst sehen, Deine Mühen sind vorbei und Du wirst göttliche Wunder in Deinem Leben wahrnehmen.

Lasse Deine Augen noch ein wenig geschlossen und empfange noch weiter meine Energie. Und jedes Mal, wenn Du es wünschst und Du Deine Augen schließt, werden meine Energien und alle Engel des Himmels bei Dir sein.

Nehme nun den Frieden in Dir, die Wahrheit in Dir und das wahre Wunder des Lebens an, das in Wirklichkeit erst jetzt auf Deiner langen Reise – auf Deiner langen Suche – nach mir beginnt.

Ich segne Dein Herz, mein Kind, so dass Du mich noch mehr erfahren mögest.

Sei voll Dankbarkeit für das neue Jahr, das für Dich beginnt, denn es ist Dein Jahr, Dein Jahr des Glücks. Du wirst viele Geschenke von mir und von Deinen Engeln erhalten.

So sage ich Dir, wahrlich, Du hast lange genug gewartet. Nimm nun in Empfang, was Dir gehört.
Die Dankbarkeit Gottes und das Ganze werden Deiner Seele helfen, die Fülle und die Wahrhaftigkeit in Dir selbst zu erfahren, im Innen so auch im Außen.

Ich verabschiede mich mit meinem Wort.
Mit meiner Energie bleibe ich bei Dir.
Dein Christus Sananda

SEELENWANDERUNG

Erzengel Michael spricht

Ich bin Erzengel Michael.

Du, mein wahrhaftig geliebtes Sein, ich freue mich, Dich hier bei mir begrüßen zu dürfen.

Wir nehmen Dein Wehklagen wahr, denn Du suchst in Deinem Inneren nach Befreiung. Diese will Ich Dir gewähren. Denn wisse, in Wahrhaftigkeit bist Du frei, denn es gibt keinen Raum und keine Zeit in Deinem wahren Wesen. Dein wahres Bewusstsein tritt zu Tage.

Dein Tageslichtbewusstsein ist heute noch begrenzt, denn Du hast vieles in Deinem Verstand erfasst, doch auch vieles getragen. Viele Irrungen auf Deinem Wege sind immer noch bei Dir. Die Wesen um Dich, die sich Mensch nennen, fliehen noch vor diesem neuen Bewusstsein. Sie tragen noch die Last des Alten in sich.

Doch wisset, auch sie sind Wesen, auch wenn sie sich oft noch im Außen anders zeigen. Sie konnten bisher ihre Last nicht loslassen.

So wisse, dass die tragenden Kräfte, die in Dir ruhen und bisher noch schlafend sind, jetzt mehr und mehr gelichtet werden.

Mein geliebtes Sein, ich möchte Dich nun an die Hand nehmen und Dich zum Vater führen. Damit Du aus Deinem Alltagsbewusstsein herauskommst und hineingeführt wirst in Dein göttliches, wahres Selbst.

Ich, Michael, möchte Dir nun im Geiste Deine Trauer nehmen und Dir etwas geben. Ich verneige mich vor Deinem Sein. Ich überreiche Dir nun einen einen kleinen Blumenstrauß. Es sind Deine inneren Blumen, die in Dir blühen.

Ich bitte Dich, nimm mein Geschenk an, denn damit möchte ich Dir zeigen, wie sehr ich Dich verehre. Ich sehe Deine Wahrhaftigkeit. Das Geschenk soll ein Symbol sein, dass ich Dein Inneres erblühen lasse und Dir Deine innere Weisheit schenke. So danke ich Dir dafür, dass Du mein Geschenk jetzt annimmst.

179

Sieh vor Deinem geistigen Auge eine Straße des Lichts. Diese Straße des Lichts geht nicht geradeaus. Gehe nun Deine Straße des Lichts entlang.

Du siehst nun vor Deinem geistigen Auge, dass der Weg blockiert wird. Er trägt Kurven in sich. Nun erkenne vor Deinem geistigen Auge, dass die Blockade, die vor Dir liegt, Dir eine Schranke zeigt. Hier sollst Du nicht weitergehen. Dies ist nicht Dein Weg. Gehe rechts herum.

Nun erkenne ganz deutlich, warum Dir solche Blockaden in Deinen Weg gelegt werden.

Ist es die falsche Zeit? Was bedeutet diese Blockade? Wie ist der rechte Weg? Du kannst bei allem, was Dir auf dem Weg im Außen erscheint, in diese Meditation gehen.

Lasse Dir von Deiner Seele zeigen, ob dies oder jenes eine Blockade ist. Frage bewusst nach einem Thema und Deine Seele wird Dir zeigen, was damit gemeint ist.

Nun, Du siehst die Blockade, Du gehst rechts herum. Du siehst plötzlich vor Dir eine weite Fläche. Du siehst einen Weg, der voller Licht ist. Du siehst rechts und links eine Wiese und hast das Bedürfnis, auf dieser Wiese zu stehen.

Folge Deinem Herzen. Folge Deinem Wunsch. Bleibst Du auf dem Weg, dann gehe weiter und schaue, ob eine Blockade auftaucht.

Schau Dir diese Blockade an und frage sie, was sie bedeutet oder Du gehst auf diese Wiese und genießt den Augenblick der Ruhe?

Du stehst auf der Wiese. Plötzlich geht vor Dir ein Abgrund auf. Die Erde um Dich herum beginnt zu zerfallen. Alles um Dich herum fällt in die Tiefe. Du stehst nun wie auf einem Plateau auf dieser Wiese, die nicht mehr ist.

Du stehst hier und weißt nicht, wie Du nun weiter kommen sollst. Schaue in Dein Inneres.

Du bekommst Angst. Es ist alles um Dich herum zerfallen. Du kannst nicht weitergehen und Du schaust in die Tiefe.

Wisse, in Wahrheit, dass alles, was Dir im Außen begegnet, sich

*in Deiner Seele wiederspiegelt. In Deiner Seele liegt Deine Kraft.
In Deiner Seele kannst Du alles verändern.*

*Nun stehst Du auf diesem Plateau, kommst nicht weiter und stellst
Dir Fragen in Deinem Inneren. Du schaust Dir dieses Bild an und
fragst Dich: „Wie komme ich nun weiter?"*

*Nun betrachte das Bild in Deinem Inneren. Das Bild Deiner Seele,
die göttlich ist.*

*Gehe heraus aus Deiner Furcht und gehe in Dein tiefes, inneres
Vertrauen und wisse, dass Du ein göttliches Wesen bist. Und sieh,
wie plötzlich Wasser von unten nach oben steigt – ganz langsam.
Ein göttliches Wesen weiß, dass es sich vor keiner Situation fürchten muss.*

*Was siehst Du? Steigt Wasser empor? Du weißt, dass Du auch
schwimmen kannst! Wenn Du nicht schwimmen kannst, schwimme
jetzt im Geist.*

*Es hat sich alles gefüllt. Um Dich herum ist nun ein klarer See.
Du kannst schwimmen.*

*Du schwimmst hinüber ans Ufer, Du bist wieder an Land. Nun
siehst Du, dass Du weitergehen kannst.*

*Du gehst weiter. Du siehst einen Weg. Du erkennst nun, was eine
Blockade ist. Du gehst weiter. Du wolltest geradeaus gehen, weil
genau dort an dieser Wiese alles wunderschön ist. Es ist traumhaft.
Plötzlich siehst Du lauter Dornen vor Dir. Auf dieser Wiese sind
überall Dornen. Dornen, überall dort, wo vorher keine waren. Du
siehst, dass Du nicht weitergehen kannst, Du schaust Dich um und
schaust, welcher Pfad noch für Dich bleibt.*

*So beginnst Du eine innere Seelenwanderung. Du umgehst die
Dornen.*

*Du gehst weiter und weiter. Du kommst an einen Berg. In Deinem
normalen Bewusstsein dachtest Du: „Das ist ein riesiger Berg,
hier komme ich nicht weiter. Muss ich denn nun diesen Berg er-
klimmen?"*

Nun, dieser Berg steht nicht umsonst da, er bedeutet für Dich Kraft und Stärke. Wisse, dieser Berg ist ein Teil Deines Selbstes. Es ist ein Teil in Dir. Der Fels in der Brandung, der Du bist.

Sieh, es liegt alles an Deiner eigenen und inneren Interpretation. Gehe weiter diesen Weg. Du kannst um den Berg herumlaufen. Wieso ihn besteigen wollen? Du gehst einfach einen anderen Weg weiter als den, den Du dachtest. Alles fließt in Dir. Alles ist wahres Sein. Übe dies in Deiner Seele und Du wirst sehen, dass alles, was Du in Deiner Seele erkennst, sich im Außen auflöst, denn alles ist in Deinem Inneren. Alles, was Du in Deinem Inneren erkannt hast, löst sich im Außen. Wenn Dir im Außen etwas begegnet, was scheinbar nicht zu Dir gehört, so schaue es Dir in Deiner Seele an.

Prüfe, was Dich blockiert und warum es geschehen ist. Nun stelle Dir ein Alltagsthema vor. Was ist Dir in der letzten Woche geschehen? Was war schön und was war weniger schön. Was ist Dir im Außen begegnet?

Bitte nun Deine Seele tief in Deinem Inneren. Atme tief ein. Bitte Deine eigene, innere Wahrheit in aller Ruhe in Deinem Inneren, dass Dir Deine Seele nun dieses Bild zeigt.

Wenn Du es nicht verstehst, befrage Deine Seele weiter, um es zu lösen.

Hast Du in Deinem Inneren erkannt, was Dir Deine Seele zeigen wollte? Ist eine uralte seelische Erinnerung noch in Dir?

Wenn Du das Thema in Deinem Inneren gelöst hast, dann komme allmählich in das Hier und Jetzt zurück.

Dein Erzengel Michael

Schöpferengel Maaron spricht

Ich bin Maaron, ich bin Nahrung, Wahrheit, Transformation, Einheit in allem Sein, in allem Werden – ohne Stillstand.
Vermeintliches Stehenbleiben gibt es niemals. Alles schwingt, alles wirkt, das Loslassen und das neu binden. Und alles, was Ihr neu gebunden habt, bedeutet wiederum loslassen und wieder neu binden. Immerfort.
Wenn dies nicht geschehen würde, würde der Eine nicht existieren. Darum, wenn Ihr denkt, Ihr wüsstet alles, ist es so, dass Ihr das alte Gebundene wieder loslasst und wieder neu bindet.
Dies ist das Leben.
Ich Maaron lasse nun meine Energie in Dich fließen.

Es ist zunächst die Energie des Lichts. Du bestehst in diesem Augenblick aus purem weißem Licht. Lasse nun das Bewusstsein Deines Körpers los.
Atme ein weißes Licht. Sei das weiße Licht. All Deine Zellen sind Licht ohne Wertung – Licht.
Fühle und erkenne in Dir, was diese Energie für Dich bedeutet. Information, die Du als DNA trägst, die Information, dass Du Zellen hast und einen menschlichen Körper, verblasst in Dir. Alles, was ist, ist weißes Licht – Bewusstsein. Fühle das weiße Licht.
Was fühlst Du in diesem Licht? Fühlst Du, dass Du etwas erfahren möchtest? Dass Du etwas tun möchtest? Fühlst Du, dass Du vorwärts schreiten möchtest? Fühle die Energie des weißen Lichtes und wie sich diese Energie für Dich anfühlt.
Du siehst nun vor Deinem geistigen Auge ein schwarzes Tor. Es sieht aus wie ein Planet. Es ist schwarz. Du wirst wie ein Magnet in diese Energie, die eine Kugel ist, hineingezogen.
Das Licht bedeutet für Dich Leben, Fortschreiten und Tun. Und

die Dunkelheit auf der anderen Seite des Lichtes zieht Dich magisch an. Du wirst nun hineingezogen in den Strudel der Dunkelheit. Die Dunkelheit kommt Dir schon entgegen und zieht Dich in ihren Bann, zieht Dich aus dem Licht heraus, hinein in eine tiefe, tiefe Schwärze. Immer tiefer wirst Du hineingezogen in diese Dunkelheit. Du bist umgeben von Dunkelheit. In dieser Dunkelheit gibt es nichts. Du kannst nichts mehr sehen.

Wie fühlt sich diese Dunkelheit an? Ist sie bedrohlich oder beschützt sie Dich? Umarmt Dich diese Dunkelheit und nährt sie Dich? Was für ein Empfinden hast Du nun in der Dunkelheit?

Es ist immer noch nichts. Du kannst nichts wahrnehmen. Nur fühlen. Plötzlich ruft eine Stimme, die von außen zu kommen scheint. Sie ruft Dich und spricht zu Dir: „Komm!" Und wieder ruft die Stimme: „Komm!" und Du hast das Gefühl, loszugehen, dieser Stimme zu folgen.

Deine Seele macht sich auf den Weg und folgt dieser Stimme.

Und plötzlich bist Du wieder außerhalb der Dunkelheit im Licht – im weißen Licht.

Du fühlst, dass dies das Leben ist. Dass Du hier etwas tun sollst, dass etwas auf Dich wartet, wohingegen Dir die Dunkelheit Geborgenheit und Schutz gab. Sie gab Dir Ruhe und das Licht gibt Dir Anregung.

So ziehen sich beide Energien an. So verstehe Gott, das Licht und die Göttin, die Dunkelheit. Nun gehe noch einmal zurück. Drehe Dich um. Die Dunkelheit zieht Dich wieder in ihren Bann. Sie zieht Dich zurück in die Geborgenheit. Hier kannst Du ruhen.

Dein Geist kommt hier zur Ruhe. Du fühlst Dich in Dir angekommen, ohne etwas tun zu müssen, ohne etwas zu wollen in diesem Schutz der Göttin und der Dunkelheit.

Begib Dich nun in den Schutz der Göttin, in eine rote Kugel. Sie scheint aus Feuer zu bestehen. Sie fließt Dir in der Dunkelheit entgegen. Sie ist pures Feuer – Feuerenergie. Die Kugel bittet Dich, in ihr Platz zu nehmen und will Dir sagen: „Ich möchte Dich forttragen, heraus aus dem Schutz der Göttin und heraus aus dem Schutz des Lichtes Gottes. Doch fühle, Du bist ein wahrhaftiges Sein, Du trägst beide Energien in Dir. Das bedeutet, dass ein Bewusstseinsstrom, wie Du es bist, von mir jetzt fortgetragen wird.

Nun folge mir, denn es wird Zeit aufzubrechen, es wird Zeit zu gehen, um eigene Erfahrungen zu sammeln, – außerhalb des göttlichen Bewusstseins der beiden Ströme der Weisheit und der Dunkelheit.

Begib Dich nun in Dein Feuergefährt und erwarte alles und erwarte nichts. Das, aus dem Du geboren worden bist, das aus dem Du bist, das Licht und die Dunkelheit sind in Dir.

Dies nimmst Du mit auf Deinem Weg und das Bewusstsein des weißen Lichts und der Dunkelheit der Göttin. Du fühlst beide Energien in Dir, Du hast sie beide erfahren.

Nun sagt die Kugel aus Feuer: „Trete ein, dies ist das Leben. Trete ein und beginne nach außen zu gehen."

Du trittst ein in die Kugel aus Feuer. Du trägst beide Energien in Dir, die der Mutter und die des Vaters, die der Göttin und die des Gottes. Das bist Du.

Du bist eingetreten in die Kugel aus Feuer. Sei Feuer.

Fühle die Energie des Feuers. Wie fühlt sich die Energie des Feuers an?

Atme die Energie des Feuers. Ist sie wild und ungestüm? Ist sie vernichtend und werdend?

Fühle Feuer. Du willst dieses Feuer in Dir erleben. Du bist pure Energie. Fühle die Energie des Feuers.

Fühle die Energie, die in Dir kaum zu bändigen ist. Fühle, dass die Gleichzeitigkeit auch Wohl und Geborgenheit bringt.

Nun kommt noch eine Kugel auf Dich zu. Es ist die Energie des Sturms. Du siehst, wie sämtliche Energien in dieser Kugel durcheinanderwirbeln. Dazu zählen Kälte, Hitze und vieles mehr – einfach alles.

Diese Kugel sieht aus wie ein Planet. Zwei silberne Kreise verbinden diese Kugel und die Kugel spricht zu Dir: „Erfahre mich, es *wird Zeit zu erfahren. Bitte begib Dich in meine Energie!"*

Du begibst Dich hinein und lässt Dich selbst einfließen in die Energie des Sturmes, der Kälte und der Wärme. Sei Sturm. Sei Wind. Sei fließend. Sei Kälte und sei Wärme, und fühle die Energie des Sturms. Du bist Sturm und Brise. Du bist laut und Du bist leise. Du bist kalt und du bist warm.

Nun nimm Kontakt auf zu der Energie des Feuers und spüre, wie es sich anfühlt. Ein Sturm in Bezug auf die Energie des Feuers.

Nun begeben sich Sturm und Feuer ineinander. Fließe auch Du ein in den Sturm und in die Energie des Feuers. Beide Kugeln treffen sich, beide Energien. Du bist nun Sturm und Feuer.

Nun kommt Dir eine schwarze Kugel entgegen. Sie ist sehr klein. Diese kleine Kugel, die so winzig ist wie ein Stecknadelkopf, trägt Materie. Sie trägt dichteste Metalle, alle Elemente der Erde und des Universums – des festen Universums. Du bist Feuer und Du bist Sturm und Du weißt, dass Du diese Kugel, die Dir nun entgegenkommt, aufnehmen sollst.

Du bist die Göttin und Du bist Gott. Du bist ein Teilaspekt allen Seins. Du nimmst nun diese Materie des Bewusstseins aller Elemente in Dich auf, in Deine Energie. Jetzt.

Du beginnst zu explodieren. Du fühlst aus diesen drei Dingen heraus das Wasser des Lebens in Dir. Du bist das Wasser des Lebens, das alles beinhaltet – Muttergott, Vatergott, Feuer, Sturm und Materie.

Du beginnst zu fließen – auszufließen in alle Teile und alles Sein, um Dich zu erfahren, und Du beginnst zu werden.

Sieh, dies bist Du.

Nun komme allmählich wieder zurück in Dein menschliches Bewusstsein und fühle noch einmal nach, aus was Du Dich ergossen hast und wer Du bist.

Dein Schöpferengel Maaron

DAS WAHRE SELBST

Seraphis Bey spricht

Ich bin Seraphis Bey.
Ich lasse fließen das goldene Herz der Wahrheit in die Mitte Deiner Wahrhaftigkeit. Ich lasse fließen das goldene Herz der Wahrheit. Dein Höheres Selbst nimmt nun das goldene Herz der Wahrheit in sich auf.
Dein Bewusstsein weitet sich und erhöht sich. Ich verankere und lasse einfließen das goldene Herz der Wahrheit in Dein Chakra, in Dein höheres Bewusstsein, Dein Höheres Selbst.
Ich lasse das goldene Herz der Wahrheit in Dein Kronenchakra fließen. Ich öffne nun ein inneres Tor der anderen Welt.
Ich lasse das goldene Herz der Wahrheit einfließen in Dein Pranamonchakra, das in Deiner Körpermitte sitzt. Dies ist meine Energie. Öffne Dich meiner Energie.
Ich lasse mich selbst in Dich ein. Doch das goldene Herz der Wahrheit, das ich in Dir bin, in Deiner Mitte bin, lässt Dich ganz ein in meine Energie.
Nimm die Energie der Freude an. Denn ich bin so, wie Du bist. Nimm nun Deine innere Wahrhaftigkeit wahr. Deine innere Wahrheit und Dein inneres Selbst.
Ruhe und Frieden kehrt nun in Dich ein. Du bist nun in Deiner goldenen Mitte.
Atme tief ein und aus. Lasse nun alle Anspannung los. Lasse Dich ein auf das goldene Herz der Wahrheit, welches meine Energie ist.
Schaue nun mit Deinem inneren geistigen Auge in das goldene Herz der Wahrheit. Atme ein und aus und schaue in das goldene Herz der Wahrheit meiner Selbst.
Ich umschließe Dich nun mit dem goldenen Herz der Wahrheit. Das goldene Herz der Wahrheit in Dir weitet sich aus. Die Energie erhöht sich in Dir. Du kommst ganz an in Dir. Du fühlst Einheit in Dir selbst.

Das goldene Herz der Wahrheit trägt Dich. Es schützt Dich und du bist ganz im Vertrauen in Dir selbst. Lasse alles los. Atme das goldene Licht der Wahrheit des Herzens meiner Selbst um Dich zu erfahren.

Du bist immerdar. Ich bin so wie Du bist. Fühle in Dir, dass ich ein Teil von Dir Selbst bin. Fühle nun die Einheit in Dir. Atme ein die Einheit, die Energie meines Selbst.

Du bist das Herz der Wahrheit, das goldene Herz des Lichtes, das Dich umarmt und umschließt.

Wache auf, mein Kind, und mache mit mir nun die schönste Reise Deines Lebens. Mache mit mir, Seraphis Bey, voller Vertrauen, da Du nun in Deiner Wahrheit bist, in Deiner inneren, Deiner goldenen Mitte, eine Reise zu Dir selbst, eine Reise zu Deinem Ursprung.

Lasse Dich nun ganz auf meine Energie ein und lausche meinen Worten.

Ich bin ein Wort aus Dir selbst heraus, denn ich bin Ursprung, Gleichzeitigkeit und Du selbst.

Schatten gehen nun von Dir. Sie lösen sich auf nach rechts und nach links. Die geistige Straße des Lichts öffnet sich vor Deinem geistigen Auge.

Es öffnet sich vor Deinem geistigen Auge eine Dimension des Lichts. Erfahre nun die erste Dimension des Lichts, auch die erste Quelle genannt, in der Du beheimatet bist.

Fühle die Wahrheit und die Gleichzeitigkeit. In dieser Wahrheit bist Du gleichzeitig verankert. Du siehst vor Deinem geistigen Auge eine Burg, schneeweiß wie aus weißem Porzellan. Sie scheint auf einer lichtvollen Wolke zu stehen. Sie ist pures weißes Licht. Die weiße Wolke ist heller und leuchtender als alles, was Du bisher gesehen hast.

Ich lade Dich nun ein, diese Burg der Wahrheit und die erste Energie der Vollkommenheit kennenzulernen.

Sieh, ich halte diese Burg mit meiner Energie. Ich, Seraphis Bey, bin diese Burg. Du siehst vor Deinem geistigen Auge herrliche blaue Farben.

Du siehst, wie diese Burg von Farben umschlossen ist. Sie leuchtet in Wahrheit. Und wisse, jede Farbe beinhaltet Bewusstsein.

Ich lade Dich nun ein, diese Burg zu betreten.

Was ist in dieser Burg? Was möchte Dir diese Burg sagen?

Du kommst näher. Diese Burg öffnet nun ihre Tore für Dich.

Du kannst eintreten. Im Inneren dieser Burg stehen Engel mit Harfen. Sie begrüßen Dein Sein und Deine Wahrhaftigkeit. Der Harfenklang umhüllt Dich und göttliche Trompeten spielen.

Tritt ein, mein Kind. Du siehst nun vor Dir Stufen aus Marmor, weißem Marmor. Du steigst die Stufen nach oben und siehst einen Thron. Auf diesem Thron sitze ich. Ich bin Seraphis Bey.

Ich sage zu Dir, mein Kind, ich trage eine Krone aus rotem Licht, das mich umspannt in einer ovalen Form. Ich sage nun zu Dir, mein Kind: „ich möchte Dir nun Deine Wahrheit zeigen, Dein wahres Licht. Du siehst, wenn Du mich anschaust, dass sich meine Strahlkraft verändert in Weiß – in Form und Farbe."

Nun, mein Kind, schaue nach links. Du siehst roten Samt. Ich möchte nun diesen Samt zur Seite schieben. Hinter diesem Samtvorhang ist ein Spiegel. Dieser Samtvorhang war bisher Dein Schutz. Denn der Spiegel soll Dir zeigen, wer Du in Wahrhaftigkeit bist. Dieser Spiegel trägt verschiedene Bilder von Dir selbst. Fürchte Dich nicht, denn auch die Furcht in Dir wird Dir der Spiegel zeigen.

Wenn Du nun bereit bist, verschiedene Bilder in diesem Spiegel zu sehen, werde ich den roten Vorhang aus Samt wegschieben. Der rote Vorhang, das Blut Christi, der Dich schützt, wird von Deinem geistigen Auge genommen.

Ich Seraphis Bey, bin hier, um Dich zu unterstützen. Bist Du bereit, in dem Spiegel Dinge zu sehen, die Du zuvor nicht wusstest? So werde ich nun diesen Vorhang zur Seite ziehen. Wisse, er ist immer noch da. Fürchtest Du Dich vor Dir selbst und vor Deiner eigenen Wahrheit?

Wenn Du noch nicht bereit bist, dann schaue nicht in diesen Spiegel. Wenn Du verstanden hast, nicht zu werten, dann schau in diesen Spiegel.

Schaue alles an, was Du siehst und betrachte alles, was Du siehst ohne Wertung. Schau alles, was Du siehst, ist Schönheit oder Hinweis. Es ist Dein Spiegel, der Dir Dein Inneres zeigt, Deine göttliche Wahrhaftigkeit. Und vielleicht siehst Du auch in diesem Spiegel einen Menschen, der Dich noch sehr beschäftigt. Es kann sein, dass sich dort auch jemand anderes zeigt und dass Du Dich nicht selbst in diesem Spiegel wahrnehmen kannst. Dann siehst Du, wer Dich blockiert, so dass Du Dich selbst nicht wahrnehmen kannst. Du nimmst wahr wer Dir Deine Energie raubt.

Wenn Du jetzt all diese Bilder in diesem göttlichen Spiegel der Wahrheit, der Wahrhaftigkeit, im Schutze Seraphis Beys sehen möchtest und bereit bist, sie anzuschauen – neutral – um zu erkennen, wo Du stehst und was noch aufzulösen ist, wisse, Du allein entscheidest, ob Du es auflösen möchtest oder nicht.

Und wisse, Du bist hier in einem geschützten Raum. Es kann Dir nichts geschehen.

Nun, mein Kind, wenn Du bereit bist, schieben wir jetzt diesen roten Vorhang, der das Blut Christi symbolisiert, zur Seite. Schaue nun in diesen Spiegel. Was ist das erste Bild, das er Dir zeigt?

Beginne nun, mit diesem Bild zu kommunizieren. Befrage dieses Bild, wenn Du etwas nicht verstehst. Frage die Bilder und den Spiegel: „Was gibt es noch, was Du mir zeigen möchtest?"

Nimm Dir genügend Zeit.

Wenn Du das Gefühl hast, dass Du alle Bilder verstanden hast, dass Du zur Genüge mit ihnen kommuniziert hast und dass diese Bilder Dir erklärt haben, was sie Dir sagen wollten, dann darfst Du in den Spiegel treten – in die Energie des Spiegels.

Wenn Du in die Energie des Spiegels eingetreten bist, mein Kind, erst dann, wenn Du alle Bilder verstanden hast, dann bist Du in der Energie von Christus Sananda.

Fühlst Du die wärmende Energie von Christus Sananda?
Du bist nun eingetreten in den Spiegel. Alles in Dir ist geklärt. Du hast die Bilder verstanden.
Und wenn Du in den Spiegel eintreten konntest und die Energie von Christus Sananda jetzt wahrnimmst, dann drehe Dich um und sieh hinter Dir auf einem Podest den goldenen Kelch. Er ist wunderschön verziert.
In diesem Kelch liegen alle Edelsteine der Erde. Hinter diesem Kelch ist ein zweiter Spiegel. Rechts neben diesem Kelch steht ein weiterer Kelch – golden, etwas kleiner. Links neben diesem großen Kelch steht ein goldener Kelch, auch etwas kleiner. Weiter rechts stehen kleine Brunnen und auch links stehen kleine Brunnen.
Du darfst nun den goldenen Kelch mit den Edelsteinen greifen. Nimm einen Stein und lege ihn rechts in den kleineren Kelch. Befrage nun diesen Stein, was er Dir geben möchte. Bedanke Dich bei diesem Stein und lasse Wasser aus dem rechten Brunnen in das Gefäß fließen.
Befrage nun das Wasser, es wird Dir sagen, was es Dir geben möchte. Nun trinke aus dem rechten Kelch. Bedanke Dich bei diesem Stein und frage ihn, ob er mit Dir kommen möchte. Wenn er sagt: „Nein, lass mich hier!", wird er Dir auch sagen, warum. Wenn er sagt: „Nimm mich an Dich!", dann nimm ihn mit, er wird Dir sagen, warum.
Nehme nun einen weiteren Stein und lege ihn in das linke Gefäß. Befrage nun diesen Stein, was er Dir geben möchte. Betrachte den linken Brunnen und nehme das Wasser des linken Brunnens. Frage das Wasser des linken Brunnens, was es Dir geben möchte. Trinke nun das Wasser aus.
Frage nun auch diesen Stein, ob er bei Dir bleiben möchte. Wenn ja, frage ihn warum. Jetzt.
Nun zum Spiegel. Rechts und links sind Kerzen angebracht, die leuchten. Du siehst sie brennen. Zwei Lichter für Dich. Nun schaue in diesen göttlichen Spiegel, der in viel, viel größerer Kraft

erscheint als der vorige und schaue in Dein göttliches Antlitz, denn dieser Spiegel wird Dir Dein göttliches Antlitz zeigen.

Was ist Deine Göttlichkeit? Wer bist Du als göttliches Wesen? Schau hinein und sieh und strahle, wer Du bist.

Nun, mein Kind, Du darfst wieder zu mir kommen. Ich bin Seraphis Bey. Komme zu mir an den Thron. Hast Du nun vieles verstanden?

Du darfst diesen Weg immer wieder gehen und immer wieder wirst Du Neues über Dich selbst erfahren und immer stärker wirst Du Dich in Dir selbst erkennen.

Komme nun allmählich in das Hier und Jetzt zurück.

Deine Seraphis Bey

Gott, die Quelle spricht

Ich bin die Schöpfung. Ich bin Du, so wie Du ich bist. Wir sind in Einheit. Ich umfasse alles. Ich bin Alles.

Komme nun bitte in die Ruhe Deines Geistes. Fühle in Deinem Pranamonchakra ein weißes Licht.

Begebe Dich jetzt in dieses weiße Licht der Energie der Schöpfung.

Diese Energie ist Bewusstsein. Du fließt. Du bist pures Sein, pures Bewusstsein.

Bewusstsein, das noch keinen Namen trägt. Bewusstsein, das einen Namen tragen möchte. Bewusstsein, das sein will. Fühle.

Du siehst nun in Deinem Bewusstsein, Du bist pures Bewusstsein. Bewusstsein ohne Wissen.

Du siehst nun vor Deinem geistigen Auge wieder einen schwarzen Punkt. Auch er sieht aus wie ein Planet. Man nennt ihn die dunkle Materie. Du bist Bewusstsein. Fühle Dich in die dunkle Materie hinein. Ihr Menschen nennt dies die schwarzen Löcher.

Tauche nun in Deinem lichtvollen Bewusstsein in die dunkle Materie ein.

Du fließt mehr und mehr ein in die dunkle Materie. Du fühlst, dass diese dunkle Materie Dir etwas zu sagen hat. Dass dort Wissen herrscht.

Du kommst der dunklen Materie näher. Doch Du bleibst immer noch derselbe oder dieselbe. Du bist Bewusstsein. Nichts verändert sich.

Du tauchst ein in die dunkle Materie. Sie gibt nach und sie zieht Dich an. Du befindest Dich nun in der dunklen Materie. Was empfindest Du?

Überall um Dich herum kannst Du Informationen wahrnehmen. Leben, sagt die Information, Sein, Persönlichkeit, Nicht-Sein – alles, was ist.

Und die dunkle Materie spricht zu Dir: „Ich möchte in Dich einfließen und eins werden in Deinem Bewusstsein, so dass ich Dich erfüllen kann mit erweitertem Bewusstsein." Du gehst das Experiment ein, Dich der dunklen Materie zu öffnen und wieder fließt ein kleines Stück der dunklen Materie in Dich ein.

Die dunkle Materie spricht zu Dir: „Ich bin pures Bewusstsein. Ich trage alle Informationen in mir. Was möchtest Du erfahren? Möchtest Du ein Blatt sein? Möchtest Du ein Stein sein? Möchtest Du ein Wassertropfen sein oder das Meer? Möchtest Du das Bewusstsein eines Planeten tragen? Möchtest Du in eine andere Welt, in ein neues Universum? Welches Universum möchtest Du kreieren? Ich gestalte alles neu in Dir. Entscheide Dich. Möchtest Du ein Mensch sein? Oder der Mond? Ein Stern? Du entscheidest, und ich kreiere."

Du entscheidest Dich für ein Blatt und der Kern dieser dunklen Materie explodiert in Dir. Du bist ein Blatt. Du löschst Deine Kreation und Du entscheidest, ein neues Universum zu kreieren. Die dunkle Materie explodiert in Dir und Du ergießt Dich in ein neues Universum.

Hast Du Dich in ein neues Universum ergossen? Wie sieht dieses Universum aus? Du fliegst wie ein Blatt im Wind auf einen Planeten zu. In Deinem neuen Universum. Es ist ein Planet, der Dich magisch anzieht. Du kommst diesem Planeten näher. Dieser Planet trägt einen Namen.

Du möchtest auf diesen Planeten. Du fühlst immer noch das Bewusstsein des Blattes in Dir. Du kommst diesem Planeten näher. Du ergießt Dich in diesen Planet. Wie sieht dieser Planet aus? Welches Leben gibt es darauf? Wer bist Du auf diesem Planeten – das Blatt eines Baumes oder einer Rose? Wo zieht es Dich hin, auf magnetische Art und Weise? Welches Wesen möchtest Du sein?

Du bist das, wonach es Dich sehnt und was Du jetzt sein möchtest. Du kreierst Dich neu und machst die Erfahrung, das zu sein, was Du wünschst. Du machst gleichzeitig die Erfahrung, dass Du immer dasselbe Wesen bist – egal, in was Du Dich wandelst. Vielleicht möchtest Du auch ein Stuhl sein, zu einem Stuhl kreiert werden. Sei dieser Stuhl. Fühle, wie sich ein Stuhl anfühlt. Fühle im nächsten Augenblick, wie sich ein Blatt anfühlt. Sei das Blatt.

Du verspürst, dass Du immer dasselbe Wesen bist, gleichgültig, in was Du Dich ergießt. Du fühlst es ohne Zeit. Und Du fühlst Dein Sein, immerdar.

Nun gehe noch einmal in das Wesen Deines Wunsches, mit allem, was dazugehört. Mit Angriffen Deiner anderen Wesen. Nimm wahr, wie Du aus Deinem göttlichen Bewusstsein heraustrittst und nimm wahr, wie Du in Dein Ego gehst und in das Habenwollen. Vergesse und verlasse nun die göttlichen Regionen Deines Bewusstseins und gehe ganz bewusst hinunter in das Nichtbewusstsein – und doch wirst Du feststellen, dass Du im Bewusstsein bist.

Nun stelle Dir vor, Du bist ein Dinosaurier. Welcher Dinosaurier bist Du und was möchtest Du außerhalb des göttlichen Bewusstseins und doch innerhalb des göttlichen Bewusstseins? Was sind Deine Bedürfnisse?

Nun komme wieder in Dein Bewusstsein.

Ich, die Schöpfung, möchte Dich nun jemandem vorstellen. Fühle Dich im luftleeren Raum als das Bewusstsein, das Du bist.

Du siehst vor Dir wieder eine dunkle Kraft. Du fühlst, dass diese dunkle Kraft Bewusstsein trägt. Sie nennt sich Luzifer. Fürchte Dich nicht, Du trägst Bewusstsein.

Gehe nun mit meinen Worten hinein in die Kraft Luzifers. Gehe in die verneinende Kraft, in die Kraft, die gegen das Leben geht. Nun fühle die Kraft, die gegen das Leben geht. Kannst Du sie wahrnehmen?

Kann Dir diese Kraft noch irgendetwas nehmen, da Du Bewusstsein bist?

Du kannst nun versuchen, mit diesem Wesen zu kommunizieren. Was sagt dieses Wesen zu Dir? Schweigt dieses Wesen?

Nun komme wieder hierher, heraus aus dem Wesen, das gegen das Leben geht.

Hast Du erkannt, was alles in diesem Wesen steckt? Ich bin krank
– dies und jenes, oder sagt es nichts?
Du bist Bewusstsein. Komme nun zurück in das Hier und Jetzt.

Ich bin Gott, die Quelle

DIE VOLLKOMMENE TRANSFORMATION

Schöpferengel Aramon spricht

Mein Name ist Aramon.

Ich bin heute zu Dir gekommen – gesandt aus der Schöpfung. Ich möchte mich nun einlassen, einlassen in Deinen tiefsten Wesenskern.

Ich lasse in Deine Wirklichkeit einfließen, in Dein tiefstes Sein, die Wahrheit und das Glück.

Glück ziehe auf all Deinen Wegen ein, mein Wesen. Die Energie des Glücks trägt eine goldene Energie.

Schließe Deine Augen, mein Kind. Du bist ein Bewusstseinsstrom aus dem wahren Sein. Ich bin ein Hüter des Glücks.

Öffne nun Deine Hände, um meine Energie zu empfangen.

Atme tief in Dich ein, in Dein Pranamonchakra und in Deinen Solarplexus. In Dein Herzchakra, in Dein Halschakra, in Dein Drittes Auge und Dein Kronenchakra. Atme tief ein und vernehme in Dir meine Energie und meine Worte und lasse den Strom des Lebens zu, der sich nun in Dir entfalten wird.

Du trägst jetzt in diesem Augenblick zwei Edelsteine in Deinen Händen. Durch die Kraft dieser Edelsteine, die Dir aus dem Geistigen Reich geschenkt werden und die nun in Deine Handchakren eingelassen werden, spürst Du die Energie der Neuen Zeit.

So soll von nun an alles vergoldet sein, in der Energie des Glücks, was auch immer Du von nun an anfassen mögest. So soll sich dies in Gold umwandeln und Dir das Glück schenken.

Nun lasse diese Energie durch Deine Handchakren fließen, durch Deine Arme hindurch, hinein in Dein Herz. Dort, in den tiefsten Regionen Deines Seins, wartet etwas auf Dich. Und genau in diese Regionen werde ich Dich nun führen.

Es ist ein Teil Deines inneren Kindes, das bereits erwacht ist. Du siehst vor Dir eine pulsierende Energie. Schaue hinein in diese

Energie, es ist die der Engel der Neuen Energie und der Neuen Zeit.

Dieser Engel trägt eine sehr tragende Energie in sich. Bedanke Dich bei diesem Engel, denn er möchte Dir nun seine tragende Energie schenken. Es ist ein neuer Schutzengel für Dich.

Ein Schutzengel der Neuen Zeit. Ein Engel, der Dich auffordert, neue Wege zu gehen, Dir zu vertrauen und ein Engel, den Du jederzeit ansprechen kannst.

Frage ihn nun nach seinem Namen und sage zu diesem Engel, dass er nun mit seiner Energie in Dich einkehren darf, um Dich in Deinem Inneren zu schützen und zu tragen, um Dich in die Aufgaben der Neuen Zeit zu führen.

Wenn der Engel in Deinem Inneren Platz genommen hat, so darfst Du ihm die Erlaubnis erteilen, mit Deinem wahren Wesenskern zu verschmelzen. Die Verschmelzung beginnt JETZT, in diesem Augenblick.

Der Engel hilft Dir nun, in Dir noch einmal etwas anzuschauen. Bitte nun Deine Seele und den Engel in Dir, Dir zu helfen. Denn wir werden nun Dein inneres Kind besuchen, welches weiblich ist. Dein wahres Selbst wartet schon lange darauf, Dein erwachtes inneres weibliches Kind kennenzulernen.

Vor Deinem geistigen Auge ist eine verschlossene Tür. Du siehst an dieser Tür ein Schlüsselloch. Dieses Schlüsselloch wird größer und größer und größer. Es erweitert sich so sehr, dass Du bequem durch dieses Schlüsselloch schreiten kannst. Es wirkt nun wie ein Tor. Das Bewusstsein hinter dem Bewusstsein öffnet sich Dir.

Du trittst nun leise in eine neue Welt. Du bist nun innerhalb einer neuen Welt. Du siehst einen Pfad vor Dir. Dieser Pfad ist voller Erde und Nahrung. Überall wachsen Pilze. Rechts sind Büsche und Wald, links sind Bäume. In der Ferne vor Dir kannst Du Nebel wahrnehmen. Und aus diesem Nebel kommt Dir nun Dein inneres Kind entgegen, Dein weibliches inneres Kind.

Kommt es zu Fuß? Kommt es auf einem Ross zu Dir? Dein inneres
Kind, das weiblich ist, kommt Dir entgegen. Nimm Dir nun Zeit, zu
Deinem Kind zu sprechen.
Inwieweit ist Dein inneres Kind, das weiblich ist, bereits erwacht?
Ist es erwacht? Wird es Dir nun viele Weisheiten vermitteln? Ist es
noch nicht ganz ausgereift, so braucht es noch Energie von Dir.
Schaue nun Dein inneres Kind an und trete nun in die Kommuni-
kation mit ihm. Es kann Dir raten oder Dir sagen, was es noch be-
nötigt, um zu wachsen. Ist der Engel, der sich vorhin in Dich inte-
griert hat, ein und dasselbe wie Dein inneres Kind?
Dein inneres Kind macht Dich nun auf etwas aufmerksam. Es sagt
zu Dir: „Dreh Dich um und schaue nun die Tür an, von der Du ge-
kommen bist. Das Schlüsselloch, aus dem Du eingestiegen bist,
um mit mir in Kontakt zu treten. Schau, was geschieht!"
Die verschlossene Tür – sie gibt es nicht mehr. Sie hat sich auf-
gelöst, ein Bewusstsein fließt ein, verbindet sich mit dem anderen
Bewusstsein und Du siehst auf diesem Wege, wie Dein männliches
inneres Kind Dir entgegenkommt.

Deine beiden inneren Kinder haben sich gefunden. Sie sind nun
zusammen. Sie sind Wahrhaftigkeit, Glück, Weisheit. Sie sind
Deine innere Führung und Deine Wahrheit. Sie sind voller Freude
und in Wirklichkeit nun ganz in Dir angekommen. Deine beiden in-
neren Kinder sind geheilt. Sie sind voller Fülle und es erscheint
Dir in diesem Augenblick nichts unmöglich zu sein.
Sie bitten Dich nun, mit ihnen ein Stück des Weges zu gehen – ei-
nes geht links von Dir, das andere rechts von Dir. Sie gehen gleich-
zeitig mit Dir.
Nun gehen sie mit Dir. Ihr geht gemeinsam in gleicher Kraft.
Die inneren Kinder zeigen auf den Boden und sagen zu Dir: „Schau
zu, was geschieht!" Die Erde öffnet sich. Du kannst plötzlich hi-
nunter sehen bis zum tiefsten Punkt der Erde. Du kannst die Ener-
gie der Erde wahrnehmen.

Gaia sendet Dir nun einen Baum. Aus dem Mittelpunkt der Erde wächst nun ein dicker Baum. Er besitzt einen dicken, großen Stamm.

Deine inneren Kinder beginnen, um diesen Stamm zu tanzen.

Nun sagen sie zu Dir: „Wir sind gefestigt, so bist nun auch Du gefestigt. Verankert tief in der Erde ist ein neues Lebewesen entstanden. Ein geerdeter Baum, der voller Weisheit ist, mit frohen, lustigen, weisen Kindern. Nun drehe Dich um."

Der Engel der Schöpfung, der sich in Dich integriert hat, kommt herbei. Er ist voll weißen Lichts. Du kannst nun mit diesem Engel kommunizieren.

Er sagt zu Dir: „Mein Kind, die Vergangenheit ist Vergangenheit, Wunder werden wahr. Das, was Du nie glaubtest, kann jetzt geschehen. Komm mit, ich möchte Dir etwas zeigen."

Und Dein Engel nimmt Dich an die Hand. Du drehst Dich zu ihm um und er sagt zu Dir: „Hier, siehst Du die Leinwand vor Deinem geistigen Auge? Male Dir nun in den schönsten Bildern, wie Du es vermagst, Dein Bild. Du kannst auch Worte auf diese Leinwand schreiben. Schreibe auf, was Du nun in Deinem Leben haben möchtest. Male auf, was Du Dir in Deinem Leben wünscht, im Hier und Jetzt. Ich gebe Dir eine Tafel und einen Pinsel. Auf dieser Tafel befinden sich alle Farben Gottes. Jede Farbe trägt eine Energie. Nehme Dich wirklich wahr, mein Kind, und schreibe oder male auf, was Du empfindest, was Du in Dir als Wahrheit empfindest, was so sein soll. All dies male und schreibe jetzt auf diese Leinwand."

Jetzt sagt der Engel zu Dir: „Drehe Dich um. Wir haben Dir nun die Straße des Lichts zum Jenseits geöffnet. Schaue hin. Dort kommt nun die Seele Deines Vaters zu Dir aus purem Licht. Du erkennst ihn nicht mehr wirklich. Er ist ein Geistwesen voller Licht und er hat sein irdisches Aussehen abgelegt. Es ist seine pure Wahrhaftigkeit."

Er begrüßt Dich. Nun kommt auch Deine Mutter zu Dir. Das irdische Kleid hat sie abgelegt, gereinigt in dem göttlichen Kleid der

Wahrheit. Und es kommen viele Freunde und Verwandte von Dir aus dem göttlichen Licht. Ihr begrüßt Euch von ganzem Herzen und Ihr setzt Euch in einem Kreis zusammen.

Ihr sprecht miteinander. Ihr schaut Euch an. Ihr seht in jedem Einzelnen pure Liebe, pures Sein. Sie sehen aus wie Energie. Siehst Du, das sind die Seelen, die erlöst sind. Du sprichst mit ihnen über Dein Bild, und sie sagen zu Dir: „Alles ist Wahrheit, alles, was Du wirklich fühlst. Und Du siehst nun unsere Wahrheit – unsere neue Wahrheit."

Du siehst, wie sie voller Weisheit sind. Du siehst Dich auf einer Ebene mit ihnen.

Sie sagen zu Dir: „Wir sind Licht, wir kommen aus dem Licht und gehen in das Licht, so wie Du."

Auf der Erde wird die Weisheit und das innewohnende Licht oft vergessen, welches Du nun wahrnimmst. Doch nur, weil es vergessen ist, bedeutet es nicht, dass es nicht da ist.

Sie bilden nun für Dich ein Herz. Alle miteinander. Aus diesem Herz wird eine Blüte, dann grüne Zweige und ein Stängel, dann ein Blumenstrauß und Du weißt nicht, sind es nun Blumen oder Herzen, die sie für Dich malen. Und plötzlich formt sich ihr Bild in Dein Bild.

„Wir sind das Selbe wie Du. Dein Bild ist unser Bild und unser Bild ist Dein Bild. So ist es Deine Wahrheit, denn wir sind eins."

Du hast nun in Dir die Wahrheit erkannt, die aus dem Göttlichen entspringt und erkenne in Dir Dein „ICH BIN". Du fühlst Dich auf einmal von einer puren, hellen, blauen Energie umschlossen.

Donner und Blitz kommen plötzlich über Dich – spüre Regen.

Die Lichter sind fort und ins Licht zurückgegangen.

Dein Bild, das Du maltest, wird verwischt vom Regen. Die Farben zerfließen. Dunkle Wolken, Blitz und Donner kommen auf. Ein Blitz schlägt in Deinen Baum ein.

Dein Baum wird vor Deinem geistigen Auge entwurzelt. Deine inneren Kinder fliehen.

Es kommt plötzlich eine dunkle Wolke auf Dich zu, welche die Worte Gottes trägt, die wie Donnerhall klingen. Gott fragt Dich: „Fürchtest Du Dich vor mir, vor meinem Donner und meinem Regen? Glaubst Du nun, dass ich all dies vernichtet hätte oder glaubst Du an Deine innewohnende Wahrheit? Ich bin Gott und alles Sein und die Schöpfung gleichzeitig. Glaubst Du, dass Du alles neu schöpfen kannst – zu jeder Zeit, was auch immer geschieht? Glaubst Du, dass immer alles neu entstehen kann und Du Schöpfer bist und schöpfst und kreierst? Oder erschrickst Du vor meinem Schwert und vor meinem Donner?"

Du hast erlebt, dass Du Donner und Sturm bist und weißt nichts mit dieser Situation anzufangen?

Dein Engel zeigt auf eine Hütte. Du fliehst in diese Hütte und es donnert und schallt immer noch. In dieser Hütte ist es warm. In dieser Hütte ist ein offener Kamin. Es prasselt in der Hütte. Du bist tropfnass und etwas erschrocken, und Du stellst fest, dass in dieser Hütte jemand sitzt. Es ist ein uralter, weiser Mann. Er sitzt schweigend in einem Sessel mit einem Glas Rotwein. Er bittet Dich, Dich zu setzen, Dich zu trocknen und bietet Dir ein Glas Rotwein an. Du fühlst eine große Kraft in ihm und große Weisheit.

Er fragt Dich: „Weißt Du, wer ich bin?"

Voller Angst versuchst Du nachzudenken. „Ist das etwa Gott?"

Er sagt zu Dir: „Ich bin Dein Geistführer. Hier ist eine Leinwand. Willst Du das Bild noch einmal malen oder kommt etwas Neues dazu?" Er spricht zu Dir weise Worte und er sagt: „Alles, was Du im Hier und Jetzt bist und tust, ist vergänglich. Integriere, binde und lasse los. Verstehe, lasse los und binde neu. So male ein neues Bild, denn von einer Sekunde auf die andere hat sich alles verändert. Verstehst du? Alles fließt, nichts bleibt – von einer Sekunde zur anderen ist alles neu. Darum lerne auch dies, mein Kind. Lerne, die weisen Worte in Dich aufzunehmen, immer weiter zu schreiten in Deiner Seele. Denn das Bild vor einer Sekunde ist nach einer Sekunde nicht mehr dasselbe Bild.

Verstehe in Deinem tiefen Inneren diese Weisheit, mein Kind. Du kannst jederzeit zu mir in diese Hütte kommen. Darum fürchte Dich vor nichts, was vergeht, denn Du weißt, alles verändert sich gleichzeitig. Binden und Lösen, so sei es.
Mein Kind, komme nun zurück in Dein wirkliches und waches Bewusstsein. Verstehe das gesprochene Wort. Danke.

Dein Schöpferengel Aramon

Schöpferengel
Dragon spricht

Ich bin Dragon.

Ich bin das Sein selbst, das die Materie mit dem Geist verbindet. Euer Gehirn kommt aus der Abstammung des Irdischen. Euer Gehirn ist ein kurzfristiger Bewusstseinsträger, doch gleichzeitig ist es Materie, um das Sein selbst in Verbindung zu bringen.

Bitte nun Dein Selbst und lasse Dich nun ganz und gar auf meine Worte ein. Tauche mit mir ein in Dein wahres Selbst, das Selbst des Bewusstseins und der Ordnung. Nun stelle Dir vor Deinem geistigen Auge ein Labyrinth vor. In der Mitte des Labyrinthes ist ein Weg. Es ist ein gewundener Weg.

Du selbst betrittst nun dieses Labyrinth. Zuerst siehst Du vor Deinem geistigen Auge ein Labyrinth, welches wie im Irdischen zu sein scheint. Doch nun, wo Du dieses Labyrinth betrittst, fühlst Du Spannung. Elektrizität herrscht in diesem Labyrinth. Farben und Lichtblitze tauchen in ungeheurem Ausmaß in diesem Labyrinth auf. Überall blitzen Farben, Elektrizität, Verbindungen, Entladungen.

Nun tauche tiefer und tiefer ein in dieses Labyrinth der Farben, der Energien und der Lichtblitze.

Ich führe Dich nun dort in die Mitte – in das Zentrum Deines Gehirns. Du kommst diesem Zentrum, das in Deinem Gehirn liegt, näher. Dieses Zentrum leuchtet blau. Du fühlst und siehst vor Deinem geistigen Auge wie dieses Zentrum blau pulsiert. Es sieht aus wie Wasser, dann verwandelt es sich in einen Diamanten – einen blauen Diamanten. Du siehst, dass dieser Diamant und dieses Zentrum voller Energie ist, purer Energie.

Du bist eingetreten in diese Energie. Impulskraft ist in dieser Energie. Es schüttelt Dich durch in dieser Energie. Göttliche, pure Kraft sitzt in dieser Energie. Diese Energie ist das Steuerungsvehikel Deines

Gehirns. Von dieser Energie geht alles aus. Durch sie wird Dein Gehirn am Arbeiten gehalten. Setze Dich nun in Ruhe in die Mitte dieser gewaltigen Energieströme im Zentrum Deines Gehirns.

Diese Energie und dieses Zentrum enthält alle Daten. Es enthält Deine DNA-Informationen. Es enthält, warum Du hier auf Erden bist, es enthält Deinen Lebensplan, es enthält alles, was ist. Du sitzt in diesem Zentrum. Du siehst nun im Inneren dieses Zentrums, in dem Du sitzt, das wie ein Kegel ist, Schubladen. Es sieht aus wie ein innerer Rechner, wie ein Programm, mit sehr, sehr, vielen Schaltungen. Es ist gigantisch und riesig. Bei näherer Betrachtung siehst Du, dass an diesen Schubladen Worte stehen. Nehme die Schublade, auf der Mathematik steht, heraus.

Du hast nun die Schublade der Mathematik in der Hand und Du erkennst, dass hinter dieser Schublade, die Du nun gezogen hast, eine weitere Schublade ist, und Du ziehst auch diese heraus und eine weitere tiefer liegende Schublade und noch eine tiefere. Umso mehr Schubladen Du ziehst, desto mehr Schubladen siehst Du dahinter.

Du lässt die Schubladen einstweilen stecken. Du hast die erste Schublade vor Dir geöffnet. Was ist darin? Ist es ein Durcheinander? Kannst Du die Gegenstände erkennen oder sind es nur irgendwelche Formeln?

Nun bitte Dein göttliches Wissen, erst Dein göttliches Selbst, sich mit dieser Schublade zu verbinden und dieses Durcheinander in dieser Schublade zu ordnen. Schaue, was geschieht.

Du hattest mehrere Schubladen herausgenommen, um festzustellen, dass es hinter jeder weiteren Schublade eine neue Schublade gibt. Nehme nun die nächste Schublade heraus. Was siehst Du hier?

Ist nun alles in Unordnung geraten oder ist es in Ordnung? Bitte auch hier Dein göttliches wahrhaftes Sein, den Inhalt der Schublade zu ordnen und nehme die nächste Schublade und bitte Dein göttliches wahrhaftiges Sein, diese Schublade zu ordnen.

Nun denkst Du: „Wie soll ich denn jemals an alle Schubladen herankommen? Sie sind so tief in meinem Gehirn vergraben und versteckt, dass ich sie niemals erreichen kann."

Nun mein Kind, dies ist so wohl richtig. Du hast nun diese drei Schubladen ordnen lassen und Du siehst, was daraus geworden ist. Bei der einen sind mathematische Formeln entstanden, bei der anderen steht nun das Wort Wissenschaft. Bei jedem von Euch ist dies anders.

Es sind nun drei Schubladen geordnet. Setze nun jede einzelne Schublade wieder ein und sieh, was nun in Deinem Kristall, in dem Du Dich befindest, passiert. Gigantische Energien werden freigesetzt. Der Kristall beginnt zu leben und zu arbeiten. Die Informationen der einzelnen Schubladen werden weitergegeben an alle Informationskanäle Deines Gehirns.

Nun nimm die Schubladen wieder heraus. Kannst Du sie überhaupt herausnehmen oder sind sie mit den anderen verbunden?

Diese Schubladen, die Du hast ordnen lassen, lassen sich nicht mehr herausnehmen, sie sind nun alle miteinander verkoppelt. Du kannst aber die Schublade weiter unten herausnehmen, auf der auch Mathematik steht.

Nehme sie heraus und schaue sie Dir an. Wo vorher tote Materie lag, pulsiert nun etwas. Es ist eine Energie in dieser Schublade und Du fühlst, dass Du hier nicht mehr viel tun musst. Du bittest die göttliche Quelle, es zu ordnen. Sie beginnt, mehr und mehr zu pulsieren und Du steckst sie wieder hinein.

Schon wieder beginnt Dein Diamant, in einer rasenden Geschwindigkeit zu arbeiten und Du siehst erneut, wie sich alles verbindet.

Nun gehe auf die andere Seite zu den Sprachen. Nehme Dir eine Sprache heraus – egal welche – und schaue, wie diese Schublade aussieht. Lasse sie von der Schöpfung ordnen. Wird ein Buch daraus?

Und so nehme die nächste Schublade und die übernächste. Immer drei und setze sie wieder ein. Auch sie vernetzen sich wieder und wieder beginnt Dein energetischer Diamant zu arbeiten. Er vernetzt alles miteinander.

Nun nehme eine beliebige Schublade! Du spürst jetzt bereits, dass Dein Gehirn zu arbeiten beginnt.

Wenn Du so in Deinem Diamanten, in Deinem Zentrum mit Deinem Gehirn arbeitest, wirst Du sehen, dass Du die gewählte Sprache plötzlich spielend erlernen wirst und Mathematik für Dich leicht ist.

So kannst Du einfach eine Schublade nach der anderen in allen Bereichen Deines Gehirns anschauen.

Ich bedanke mich bei Dir, mein Sein.

Du darfst zurückkommen in das Hier und Jetzt.

Dein Schöpferengel Dragon

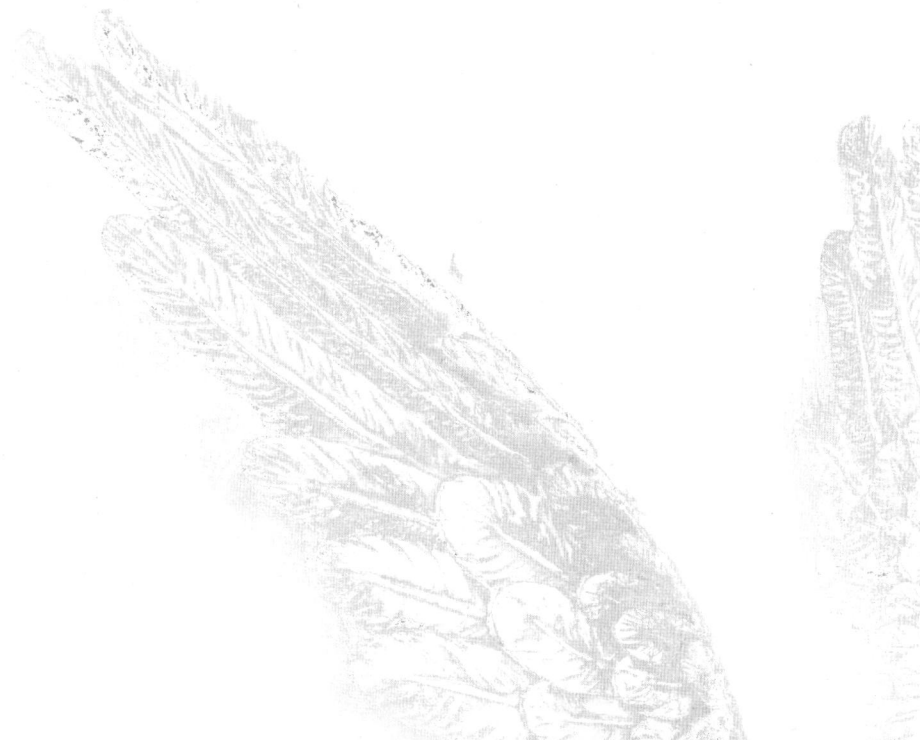

Erzengel Michael spricht

Ich spreche nun über die Schule und die Wahrheit.

*TARA AMENGO TARA SADASIS SADON
TARALIN IMERIO SODASIS AVOR KARAMENIA
TOLARIS SADISIS SEMERIO ASIS TALIDES
KAMERA KARAN*

Du meine Seele, Du der Engel auf Erden, so sandte ich Dich einst mit Deinem freien Willen und Deinem großen Herzen als Engel auf die Erde – hinaus in die große weite Welt, damit Du Dein Licht verströmen mögest. Damit Du Deine Liebe, die Du in Dir trägst, auf Erden leben und fühlen mögest und Dein wahres Bewusstsein in einer anderen Dimension erfahren kannst.

Ich habe Dich aus der Weite des Himmels gesandt und habe Dir versprochen, dass ich, meine Engel und Gott immer bei Dir sein werden und Du Dich immer an Deine Wahrheit erinnern und sie nie vergessen mögest, egal was auch immer auf Dich zukommen mag. Du solltest immer im Vertrauen bleiben, wer Du in Wahrhaftigkeit bist.

So also sandte ich Dich als Engel auf die Erde. Der Engel auf Erden war reinen Herzens. Tief von Liebe, purer Energie und reinem Licht geprägt. Ein Kindlein war geboren.

So baute das Kind im Sandkasten Burgen und Kuchen, wunderschön. Dieses Kindlein freute sich sehr über diese Burgen und über diese Kuchen, und es wollte, dass diese Burgen und Kuchen gesehen werden, dass seine Wahrheit, was es vollbrachte, gesehen wird. Seine wahre Schönheit lag in den Burgen und in den Kuchen. Doch niemand sah diese Burgen und niemand sah diese Kuchen – niemand.

So war dieses Kindlein in der Natur und bewunderte die Pflanzen, wie sie wuchsen und sah das Göttliche in diesen Pflanzen. Und

208

dieses Kindlein wollte sein Erstaunen und alles, was es in diesen Pflanzen sah – die Göttlichkeit – mit anderen Menschen teilen.

Doch dieses Kindlein wurde weder gesehen noch gehört und geachtet. Es sah nur, wie die anderen diese Pflanzen achtlos behandelten. Es sah nur, wie die anderen diese Pflanzen und die Welt mit anderen Augen sahen – oberflächlich mit ihrem Ego.

Dann dachte dieses Kindlein nach: „Wenn die Menschen all das, was ich in meiner Liebe sehe, nicht so sehen, wie wollen sie dann mich sehen?" So ging das Kindlein immer weiter. Was auch immer dieses Kindlein tat, es tat alles aus reinem Herzen, alles voller Freude, in dem Bewusstsein, alles der Göttlichkeit zu sehen, in allem und jedem das Schönste zu sehen. Doch auch, wenn dieses Kindlein in allem und jedem das Schönste sah, die Menschen sahen sich selbst nicht darin, schon gar nicht das andere. So dachte dieses Kindlein, es wäre ganz alleine auf der Welt. Deshalb bat mich das Kindlein um Hilfe. „Ich bin so alleine."

Ich führte das Kindlein ein in die Geistige Welt, in die Engelscharen und wer es wirklich ist. Ich bot dem Kindlein Nachrichten aus der Geistigen Welt an. Auf diese Weise konnte ich das Kindlein und all die anderen Kindlein, die ich als Engel auf die Erde sandte, zusammenführen. Mittlerweile haben sie sich alle selbst erkannt – untereinander – wer sie wirklich sind. Dadurch wurden sie froh und glücklich und gestärkt, da sie erkannten, dass sie ja doch nicht so alleine sind.

Sie sahen, dass sie Engel auf Erden sind – gesandt von mir und meinen Engeln, um das Glück und die Schönheit des Göttlichen auf die Erde zu bringen und um Boten Gottes und der Engel zu sein. Sie sind hier, um die Schönheit des Allwissens und die Pracht des Glanzes auf die Erde zu tragen. Nur in der Gemeinschaft könnt Ihr Euch stärken und weitermachen, Ihr Engel auf Erden, die Ihr hier alle versammelt seid.

Euer Erzengel Michael

Schöpferengel Aramus spricht

Ich bin Aramus, der göttliche Vulkan. Die göttliche Klarheit, die Wahrheit, das Licht. Ich bin Rumea und Akai'i, die göttliche Sonne und der göttliche Horrus des Haredes, ich bringe Dir ein Geschenk dar.

Die Kerze, die ich nun einlasse in Dein Kronenchakra ist die göttliche Leuchte. Das Licht soll leuchten über Dir.

Deine Aura strahlt von nun an die Leuchte Gottes aus, so dass alle Wesen der Erde Dich erkennen mögen. Ihr seid Einheit und strahlt in einem einzigen Glanze. Gemeinsam seid Ihr ein Leuchten der Einheit Gottes.

So lege ich Euch eine Kerze in die rechte sowie in die linke Hand. Eure Hände strahlen. Und nun, meine Lieben, wandle ich das zweischenklige Kreuz, in vollkommene Energie. Ich entferne es hiermit von Euch. Ihr seid frei. Jetzt ist das Kreuz gelöscht. Du hast unsere Worte vernommen. Nur wenige sind die Würdenträger des Lichts. Und nur wenige werden in die großen Meisterschaften geführt, um zu lehren. Darum will ich Dich nun weihen. Ich gebe Gottes Stab weiter. Ich lasse nun die Verankerung Gottes, die der drei Leuchten, ein – mit Weisheit, göttlicher Magie und dem Zepter des Einen.

Trage diese Weihung in Würde. Denn wisse, dadurch bist Du verbunden mit Gott, dem göttlichen allumfassenden Sein, dem Herrscher des Lichts, der immer ist – immerdar in Wahrheit. Nun werde ich Dich verankern in das göttliche Licht der Dreifaltigkeit.

Ich öffne nun das Zentrum Deines Geistes in Trichterform und lassen gänzlich ein die Leuchte Gottes in Dich. Du bist nun verankert in der Würde und bist Würdenträger der Dreifaltigkeit.

Atme diese Kraft ein. Deine beiden Gehirnhälften sind nun ausgerichtet und Du fließt in göttlichen Bahnen, verbunden mit allem

Sein in Harmonie mit den Gesetzen der göttlichen DNA.

Arbeite noch ein wenig an Deinen Schubladen, sie sind mit dem Code Gottes und allem Sein verankert. Jetzt, in diesem Augenblick und für alle Zeiten. Du bist nun ausgerichtet und hast Platz genommen in der Würde Gottes, in der Würde des Lebens und des Lichts.

Pure Energie und pures Leben fließt durch Dich hindurch. Durch energetische Wellen seid Ihr Menschen miteinander verbunden. So ist nun auch diese Kraft in Gaia verankert. Deine Kraft ist nun die Kraft Gottes. Und spreche nun in Vollmacht dessen, der IST, denn Du bist bevollmächtigt, Würdenträger zu sein und in der Kraft der leuchtenden Flamme Gottes zu sprechen, denn die Kraft fließt in Dich und durch Dich hindurch. Das, was Du den Menschen zu vermitteln hast, fließt aus Deinem Munde. Es fließt die Kraft Gottes, des Lichts, der Wahrheit und der Wahrhaftigkeit. Fühle diese große Kraft.

Ich lasse nun die heilige, silberne Kraft noch speziell durch Dein Gehirn fließen. Jetzt. Sie fließt durch Deinen Körper, Deine Blutgefäße, durch Deine Organe und durch Deine Chakren. Göttliche Wahrheit und Wahrhaftigkeit fließt nun durch Dich. Göttliche Kraft ruht in Dir.

So bist Du nun würdig zu gehen. Dies ist in Kraft meines Amtes gesprochen. Ich segne Dich, behüte Dich und schenke Dir meinen Segen, damit Deine Kraft auch die Menschen und all die Wesen der Erde erreichen möge, die innen und die außen wohnen.

Ich danke dem Vater, der Mutter und dem Sohn. So bist Du gesegnet in allen Energien – von nun an und für alle Zeiten.

Stehe nun auf, gehe und walte Deines Amtes. Du bist Würdenträger.

Danke.
Dein Schöpferengel Aramus

Asthar Sheran spricht

Ich bin Astar Sheran – Dein Helfer und Hüter. Ich bin Dir behilflich, deinem Schutzengel und Christus näher zu kommen. Ich bin der Flottenkommandeur des Himmels und so setze ich Eckpunkte in Deinem Leben.

Ich gebe Dir ein Bild, Du stehst oben auf dem Plateau. Du siehst ein Schild unterhalb Deiner Füße, das Symbol der Entwicklung. Du Siehst auch, wie Dein Geistführer einem Kind einen Blumenstrauß übergibt. Der Blumenstrauß, liebes Kind, ist das Symbol für die Erde. Er ist auch das Symbol und der Hinweis darauf, beides in Einheit zu bringen. Nun werden wir uns erst einmal kurz unterhalten.

Ich bin Astar Sheran. Neben Dir steht ein Schutzengel. Er freut sich, Dir viel erklären zu können. Ich Asthar Sheran werde im Moment das Wort übernehmen.

Wir setzen uns jetzt gemütlich auf das Plateau. Ich werde Dir das Schild erklären. Schau, das Kind darauf ist die Symbolik Deiner Seele. Es wurde bewusst die Symbolik des Kindes gewählt. Denn das Kind ist ein Teilaspekt des Vaters und der Muttergöttin. Du bist ein Tropfen aus dem großen Meer des Ultrawissens des Einen. Aus diesem Grund wurde das Kind gewählt. Das Kind bedarf auch Führung und Hilfe. Darum sind wir bedingungslose Liebe und Vergebung. Das Kind kommt aus dem großen Geist Gottes und ist gottgleich. In der Einheit bist du wieder an Gott und an seine große Weisheit angebunden. Doch das Kind will spielen. Gott ist pures Wissen und Weisheit. Nur die Teilaspekte Gottes, die Seelen, können spielen. Sie haben einen freien Willen, um auszuprobieren. Denn wenn wir nur nach dem göttlichen Plan des allumfassenden Lichtes, der Wahrheit und der bedingungslosen Liebe des Altrawissens gehen würden, könnte keine Bewegung entstehen.

Dies ist nur innerhalb des Altrawissens in einer kleinen Seele möglich, die verspielt ist, die spielen möchte, ohne, dass Gott uns sagen muss „Spiele". Das ist ein Kind. Doch ein Kind wie Du, das im Irdischen steht, ist immer verletzlich, man muss es beschützen. Genauso beschützen Deine Schutzengel und Deine Geistführer Dich, denn auch ein Kind möchte eines Tages erwachsen werden. Doch in der Dualität dauert dies oft viele, viele Erdenjahre. Im geistigen Reich, im Altrabewusstsein ist dies aber gleichzeitig in einem einzigen Augenblick geschehen, sodass das Kind mit der Erfahrung des Spieles wieder zurückkommt in die geistigen Reiche Gottes, um von dort aus große Abenteuer als erwachsenes, geistiges, aufgestiegenes Wesen zu bestehen und damit weiter zu wachsen. Bedenke, Gott selber IST. Er wächst durch Euch Menschen, durch die Erfahrung. Denn ohne Euch ginge es nicht. Ohne die Seelenkinder Gottes würde es kein Wachstum geben. Darum verstehe, warum wir Dich lehren, damit Du reifer und größer wirst. Denn am Ende hast Du mehr Wissen als ein Erzengel und dennoch kannst Du dies nicht erreichen, weil wir Dein Wissen in uns aufnehmen. Und immer an die Intelligenz angeschlossen sind.

Nun mein Kind, wir sitzen hier auf diesem Plateau. Wir stehen wieder auf und wir schauen in die Ferne. Dies ist die Energie der Weißen Bruderschaft. Du siehst vor Deinem geistigen Auge eine Sonne, sie steht hoch am Himmelszelt. Du siehst Wasser. Wir werden nun auf dem Wasser wandeln. Das Wasser steigt, das Wasser steht hier für das Einlassen in die göttliche Ordnung. Ich nehme nun Deine linke Hand und Dein Schutzengel nimmt Deine rechte Hand. Wir gehen über das Wasser. Du merkst, dass das Wasser sehr elastisch ist.

Wir gehen nun über das Wasser. Du hörst aus der Ferne eine himmlische, herrliche Musik. Es sind Harfenklänge. Schau, wir gehen über das Wasser und die Harfenklänge im Vordergrund ziehen uns magisch an. Es scheint, als wäre der Horizont sehr, sehr weit weg. Doch werte nicht, er ist im Hier und Jetzt.

Atme tief ein. Nun atme noch einmal ein. Du fühlst, dass der Horizont jetzt sehr nahe wirkt, fast zum Greifen. Du fühlst, dass Du es nicht mehr einordnen kannst – ist er nun weit weg oder ist er nahe? Lass alles los. Schaue in die Sonne des Horizonts. Schau hinein in die Sonne und atme tief ein. Wir gehen weiter über das Wasser. Du bist barfuss, hast Deine Schuhe ausgezogen und Deine Hosen hochgekrempelt.

Das Wasser ist weich und es kribbelt unter Deinen Fußsohlen. Du fixierst Deinen Blick auf die Sonne. Nun schreiten wir einen Schritt nach dem anderen, wir schreiten Stück für Stück vorwärts. Dein Blick ist ausgerichtet auf die Sonne. Du schaust immer und immer wieder die orangegelbe Sonne . Die Harfenklänge scheinen nun von allen Seiten zu kommen. Sie fließen ein in Deinen Geist. Atme ein und aus, während wir schreiten.

Wir beginnen im Wasser zu versinken. Doch fürchte Dich nicht, Du wirst atmen können. Die Sonne versinkt mit uns in der Tiefe. Wir beginnen wie Delphine zu schwimmen, und immer noch hast Du die Sonne im Blick und fixierst weiter die Sonne, die jetzt unterhalb des Wassers scheint.

Das Energiefeld einer Kugel baut sich um Dich auf. Die Kugel beginnt sich zu drehen und immer noch hast Du die Sonne fixiert in Deinem Blickfeld. Du justierst den Blick auf die Sonne, die Kugel dreht sich in alle Himmelsrichtungen hin und her, rauf und runter. Energiewirbel und ein Kraftfeld entstehen durch die Rotationen, durch die Energie und die gleitenden Bewegungen der Kugel. Du fixierst immer noch die Sonne, Nun sende der Sonne Gedanken aus. Wünsche Dir kraftvolle Energie. Du fühlst wie Dir aus dieser göttlichen Sonne kraftvolle Energie zufließt. Du wirst von dieser kraftvollen Energie aufgetankt. Nun ist es so weit, mein Kind.

Die Energie der Sonne kommt auf Dich zu. Wir befinden uns nun in dieser großen, kraftvollen, orangegelben Sonnenkugel. Du fühlst, wie Du in dieser Kugel nach oben gezogen wirst.

Die Kugel landet an einem Strand, sie öffnet sich wie eine Schale. Wir sind am Strand und steigen aus. Du siehst einen wundervollen Strand mit Palmen. Etwas vernebelt aus der Ferne erkennst Du

214

ein großes wunderschönes Gebäude – es ist weiß. Es scheint in sich selbst zu klingen. Dieses Gebäude besteht aus Schwingungen, aus Klang, Farbe, weißer klarer Energie. Du bist neugierig geworden. Neugierig werden wir nun unseren Weg weiterführen. Dort in diesem Gebäude fühlst Du, dass etwas schon seit Langem auf Dich wartet.

Mein Kind, wir gehen nun in Richtung dieses Gebäudes. Du beginnst, leichter und leichter zu werden, mit der Kraft Deiner Gedanken formulierst Du Deinen Wunsch. Wir befördern uns jetzt, über die Gedankenkraft, in dieses Gebäude. Du stehst vor einem Tor in diesem Gebäude. Du verspürst Herzklopfen. Du betrittst den Raum hinter dem Tor. Auf einem alten Sessel sitzt eine alte Dame mit einer Brille. Doch diese Brille wirkt bei näherem Hinsehen nicht wie eine Brille auf Erden, sondern es ist die Brille des Wissens. Sie begrüßt Dich, ihre Stimme ist freundlich und liebevoll.

Sie spricht: „Ich grüße Dich mein Kind. Ich bin eines der ältesten und weisesten Geschöpfe der Ewigkeit!"

Ihre Stimme ist Dir vertraut. Erst langsam erinnerst Du Dich, Sie ist Deine göttliche Mutter. „Mein Kind", sagt sie, „Du bist ein Teil von mir! Siehe nach vorne, ein hohes Geistwesen aus der weisen Bruderschaft erwartet Dich."

Er spricht, die Erkenntniss ruht im Geist, wir sind alle Teilaspekte Gottes, darum bist Du auch ein Teilaspekt von mir. Ich bin aufgestiegen, ich war einst ein Mensch, Franz von Assisi. Ich trage das Wissen der aufgestiegenen Meister in mir.

Ich bin Kuthumi, Deine göttliche Mutter und Kuthumi übergeben Dir ein weises Gewand und bitten Dich mit Ihnen gemeinsam den nächsten Raum zu betreten. In der Mitte siehst Du einen wunderschönen Engelsbrunnen, der bis an die Decke reicht. Es ist ein großer Festsaal. Du folgst den beiden in den Raum. Kuthumi und Deine göttliche Mutter sprechen: „Siehst Du diesen Saal? Wir gehen nun zum Brunnen der Weisheit."

Der Brunnen der Weisheit trägt drei Schöpferteile. Sie sind wie Fächer angeordnet - siehst Du es? Gehe nun zu jedem einzelnen Fächer und nimm einen Schluck Wasser mit der bloßen Hand. Dies ist die Schöpferkraft, die Du nun in Dich aufnimmst.

Du stellst fest, es sind jedes Mal sechs Tropfen, sodass es insgesamt achtzehn Tropfen ergeben. Mehr kann Deine Hand und Dein Mund nicht fassen. Du gehst weiter um den Brunnen. Es führen Treppen nach oben. Dort steht ein Thron , auf diesem Thron sitzt eine wunderschöne Göttin es ist Shakti.

Ich grüße Dich, Du Licht der Welt. Ich kenne Dein Anliegen von jeher und seit Anbeginn der Zeit. Ich werde nun meine göttliche Kraft und die Dreifaltigkeit der Schöpfung in Dich einfließen lassen. Ihr Wesen, des Lichts auf Erden, gehört alle zusammen. Ich lasse nun Eure Energien zusammenfließen, sodass Ihr nun wieder zusammengeführt seid, zu einem einzigen Lichtwesen, so dass ihr einheitlich wie ein einziges Werkzeug arbeiten könnt. Ich schenke Dir einen Zepter und einen Stern. Siehe die Heilige Merkaba. Ihr Lichtwesen auf Erden seid zusammengeführt und habt nun die Energie der Wahrhaftigkeit und der Schöpfung. Schaut nun, da Ihr nun eine Energie geworden seid, nach links. Dort wartet ein heiliges Wesen.

Es ist ein weiteres Wesen der Weißen Bruderschaft – es winkt Dich zu sich und bittet Dich neben ihm Platz zu nehmen.

Der Boden wirkt fließend. Viele Treppen, Gold und Kupfer fließen ineinander ein. Es ist pure Energie. Hier in diesem Gebäude ist alles fließend. Es existieren keine festen Strukturen. Alles verändert sich nach Deiner Gedankenkraft und dennoch ist es immer dieselbe göttliche Ebene. Du fragst das Wesen aus der Weißen Bruderschaft: „Wie ist Dein Name?" Ich bin der, der alleins ist, alles vereint, Christus Sananda. „Ich werde Dir nun Deine nächste Aufgabe verkünden. Du bist flügge geworden, doch sei noch etwas vorsichtig, denn noch bist Du nicht ganz wieder hergestellt. Doch ich halte Deine Hand. Rufe meinen Namen, wenn Du mich benötigst.

Damit ich Dich weiterführen kann in Deine innere Reife. Nun schau Dich um und verändere hier alles mit der Schönheit Deiner Seele und Deines Geistes. Du trägst nun die Dreifaltigkeit der Schöpfung in Dir. Denke einfach Schönheit, denke Erzengel oder denke gar nichts. Sage einfach „ICH BIN" und schau, wie sich die Energie der Räumlichkeiten verändert." Dies ist Deine neue Aufgabe.
Es entfaltet sich inmitten des Raumes eine Blume. Diese ist ein Durchgang, der nach unten führt wie ein Fahrstuhl. Gehe nun langsam zum Fahrstuhl, er führt Dich wieder nach unten in das Hier und Jetzt zurück.

Ich habe gesprochen.
Dein Astar Sheran

Erzengel Ashrael spricht

Du Kind Gottes, komm herbei auf den Pfaden der Liebe. Ich begrüße Dich. Ich bin Ashrael – die Worte, die Wonne der Barmherzigkeit und der Liebe seien bei Dir.

Ich bin hier, Kind Gottes, um Dich in ein Geheimnis einzuführen. Ich führe Dich in das Geheimnis der Liebe der Wahrheit, in das Geheimnis des inneren Ankommens. Friede kehre ein in Deinen Geist. Dein stetig wachsendes Bewusstsein hat zugenommen. Dein Geist ist erwacht und nunmehr bereit, eigenständig zu handeln. Er steht in Verbindung zu Dir selbst, eingelassen in die Führung der wahren Kraft.

Beginne nun langsam und sicher zu atmen. Atme ein, mein Selbst. Nehme Dich bedingungslos wahr und fühle Dich in Deinem Inneren. Ich fließe ein mit meiner hohen Frequenz der Sicherheit. Ich verbinde mich mit Deinem Inneren. Sei Dein Wahres selbst in Deinem Inneren, sei das Wesen, das Du in Wahrhaftigkeit und Wirklichkeit bist.

Ich führe Dich nun in den Strom des Lebens und der Glückseligkeit.

Die Worte meiner Wahrheit werden Dich nun in eine andere Dimension entführen.

Verlasse nun das Hier und Jetzt. Fokussiere Deinen Geist auf die Ferne. Wir werden gemeinsam einen Quantensprung unternehmen.

Ich berühre Dein Drittes Auge. Dein Lichtkörper erweitert sich. Deine Energie tritt nach außen. Du wirst Energie. Lasse Dich ganz auf Deine göttliche Energie ein. Denn dies ist Deine wahre Herkunft. Öffne nun Dein inneres Auge. Du siehst vor Deinem geistigen Auge einen Berg. Seine Spitze ist von Schnee bedeckt. Die schneebedeckte Spitze ist Deine Spiritualität. Dies ist der Teil des Göttlichen in Dir. Der untere Teil des Berges ist Deine Medialität, Deine Ordnung, Dein Sein aus allen Inkarnationen bis hin zu Deinem jetzigen Leben.

Komme nun näher. Schaue Dir diesen Berg genau an. Du siehst wie sich an diesem Berg kleine Fensterchen offenbaren.

Spreche nun in Deinem Inneren: „Ashrael ordne es."

Ich habe es geordnet, die Weihung ist vollzogen.

Aus dem Berg mit den vielen kleinen Fenstern ist ein einziges, großes Fenster entstanden. Öffne nun dieses große Fenster und fließe hindurch. Inmitten des Berges gibt es viele weitere Fenster, es öffnet sich nun Dein Wurzelwissen indem sich alle Fenster öffnen. Diese Fenster stehen für viele Leben.

Du befindest Dich inmitten dieses Berges. Der Boden ist golden. Die Wände schimmern. Vor Deinem geistigen Auge gibt es einen goldenen Thron. Schaue Dir diesen Thron genau an. Auf ihm gibt es goldene Figuren, die nach rechts rotierend schwingen. Wie sehen diese Figuren aus? Sie sehen aus wie ein goldenes Tablett mit Symbolen und Figuren. Auch der Thron beginnt zu schwingen, rechtsrotierend.

Unter diesem Thron öffnet sich ein Tor. Es pulsiert. Es ist das Tor zu Deinem Wurzelchakra.

Ich, Ashrael, berühre dieses Tor mit meiner rechten Hand. Du kannst nun telepathischen Kontakt mit diesem Tor aufnehmen mit ihm mental kommunizieren.

Es ist Dein Wurzelchakra, das rein göttlich ist, aus göttlicher Herkunft stammt. Es besteht aus göttlichen Symbolen und göttlichem Licht.

Dieses Tor öffnet sich wie eine Knospe. Es zieht Dich nun magnetisch in sein Inneres.

Jedes Wesen auf dieser Erde trägt ein individuelles Wurzelchakra und individuelle Ornamente, Figuren und Symbole. Der Thron steht für bestandene Inkarnationen. Die Ornamente stehen für Deine individuelle Wesenheit, die Figuren für alle Seelenqualitäten die Du Dir in Deinen Seeleninkarnationen erarbeitet hast. Die Symbole stehen für Deine Gaben und Talente, die Du für Deine jetzige Inkarnation erhalten hast. Nun kannst Du Dein Wurzelchakra befragen, welche Talente, welche Gaben, welche Qualitäten Deine Seele auszeichnen und nach Deiner Wesenheit fragen. Befrage es auch danach, was Du noch zu erarbeiten hast. Schaue die Fenster im inneren des Berges an, wie viele es sind. Dies ist die Zahl deiner gesamten Inkarnationen bis heute. Lasse dir genug Zeit dafür...

Du wirst nun wie von einem Strudel nach unten gezogen. Es geht in einer rasenden Geschwindigkeit immer weiter und weiter in die Tiefe. Plötzlich gibt es einen Ruck und Du kommst unten an.

Du setzt Dich auf den Boden. Dieser Boden ist warm und weich. Pure Schwärze umhüllt Dich. Hier in dieser Tiefe beginnt etwas zu pulsieren. Ich frage Dich: „Möchtest Du weitergehen, um die tieferen Wahrheiten Deines Selbst zu erfahren? Dann spreche in Deinem Inneren das Wort „Ja.“

Wenn Du das Wort „Ja“ gesprochen hast, gehe in unbekannte Regionen und Zeiten Deines Selbst, die zeitlos und ewig sind.

Ein weiteres Tor öffnet sich und Du gleitest ganz sanft weiter nach unten. Alles ist schwarz, doch dennoch mit Formen und goldenem Licht durchzogen.

Immer weiter gleitest Du nach unten in tiefere Bewusstseinsschichten hinein. In einer Tiefe, die Du nie zuvor gekannt hast. Alles beginnt sich zu bewegen. Immer tiefer steigst Du hinein in Dein Wurzelchakra.

Türkis fließt Dir nun entgegen. Rot kommt Dir entgegen – es sieht aus wie eine pulsierende Blume, die sich ständig verändert. Du siehst Rot, Türkis und Blau. Und noch tiefer steigst Du hinein in diese Energie. Alles ist nur noch pure Energie. Du steigst tiefer und tiefer in die Unendlichkeit hinein. Alles ist außerhalb von Raum und Zeit. Alles öffnet sich. Alles wird größer. Du befindest Dich in dieser Energie. Türkis, Blau, Rot – alles ist pulsierend.

Jetzt fragt Dich die Stimme Deines Wurzelchakras: „Möchtest Du noch tiefer eintreten in mich?“ Wieder antwortest Du: „Ja!“

Das Ganze öffnet sich noch weiter, ein Strudel zieht Dich weiter *nach unten. Immer tiefer und weiter hinein in ein unendliches Energiefeld.*

Helles Grün strömt Dir nun entgegen.

Lasse Dich ganz ein auf dieses Energiefeld – Weiß, Hellgrün, Blau, Rot.

Jetzt siehst Du, wie sich vor Deinem geistigen Auge ein Auge bildet. Du fließt hindurch – von einem Auge in das andere.

Ein Auge nach dem anderen öffnet sich, jedes ist aus pulsierenden, elektromagnetischen Farben.

Du fließt weiter und weiter hinein in diese Energie. Es kommt Dir nun etwas entgegen. Eine gelbe Rose.

Nehme die gelbe Rose und frage sie, was sie für Dich bedeutet. Die gelbe Rose spricht die Worte: „Ich bin der Fall in die Materie. Ich bin das Licht und die Hüterin. Gleichzeitig öffne ich Dir die Tore, die Tore des Unbekannten, vor dem Du am meisten Angst hast. Ich bin die, die Dich in die Materie zwängt, die, die Dich noch tiefer in die Materie bringt."

Du sagst zu dieser Rose: „Ich lasse es zu."

Sie zieht Dich mit einer Geschwindigkeit und Kraft nach unten. Es wird wieder alles schwärzer. Es fühlt sich so an, als würdest Du einem Widerstand begegnen.

Die Rose spricht zu Dir: „Lasse Deine Angst los, damit ich den Widerstand lösen kann."

Du lässt die Angst los und gleitest ganz langsam hindurch. Du gleitest noch mehr in die Tiefe und noch mehr in die Schwärze hinein.

Nun siehst Du vor Deinem geistigen Auge ein weißes, lichtvolles Tor. Auch dieses kommt Dir pulsierend entgegen. Du fließt hindurch. Es ist ein sehr, sehr enger Kanal.

Fließe hindurch mein Kind. Du hast nun beide Merkaba-Engel an Deiner Seite, einen links und einen rechts.

Du fühlst, dass nun bald ein Ziel auf Dich zukommt. Doch immer noch fürchtest Du Dich.

Und immer wieder spricht die Stimme Deines Wurzelchakras: „Möchtest Du weiter fließen?" Und immer wieder atmest du tief ein und lässt alles los. Du fließt weiter und weiter.

Du weißt nicht, ist es Deine Geburt, ist es eine andere Dimension, wo geht es hin, hat es ein Ziel oder ist es Dein Sterben. Doch Du bist immer noch dasselbe Wesen und Du fließt weiter.

Nun geht es noch einmal wie in einem Schlauch abwärts. Es geht nach oben und nach unten wie in einer Schlange. Und es geht tief und tiefer und noch tiefer hinab und das in einer rasenden Geschwindigkeit, Kilometer um Kilometer.

Jetzt siehst Du ein Tor vor Deinem geistigen Auge. Es ist wie ein Ausrufezeichen. Dieses Tor öffnet sich. Du fließt hindurch durch dieses Tor und befindest Dich in einer anderen Welt.

Diese Energie ist weiß und rot. Du fühlst, dass dies eine andere Energie ist. Du fühlst aber auch, dass dies eine irdische Energie ist - eine Vulkanenergie. Und doch schadet sie Dir nicht, denn sie ist ohne Hitze und erzeugt keine Verbrennungen.

Plötzlich siehst Du einen Weg, einen Weg aus Lava. Du gehst diesen entlang – in aller Ruhe.

Du gehst weiter auf dem Weg der Lava. Während dessen stellst Du fest, dass Du wieder einen Berg umrundest, um den dieser Weg führt. Er öffnet sich für Dich. Feuer lodert empor, Du weißt, dass dieses Feuer Dir nicht schaden kann – Du gehst hindurch.

Du siehst unter Dir viele Diamanten und gehst über sie. Die Feuersäule ist zu Diamanten erstarrt. Rechts und links von Dir sind Diamantwände – mit einem strahlenden Glanz. Du gehst hindurch.

Nun siehst Du vor Deinem geistigen Auge einen Mann. Es ist Dein Vater, er steht an Deiner linken Seite. Es ist Dein irdischer Vater. Dieser irdische Vater verkörpert alle Väter, die Du jemals in Deinem Leben hattest – in allen Inkarnationen.

In einer Spirale wirst Du von ihm nach unten gezogen und kommst in einem Raum an. Du bist nun allein mit Deinem Vater, der all

Deine irdischen Väter verkörpert. Er sagt zu Dir: „Komm, ich möchte Dir etwas zeigen."

Es kommt Dir eine wunderschöne Frau entgegen.

Er sagt: „Dies ist Deine Mutter, sie repräsentiert alle Mütter die Du jemals in Deinem Leben hattest, in allen Inkarnationen in einer einzigen Person. Beide kommen Dir entgegen. Sie reichen Dir die Hand.

Sie setzen sich zu Dir auf den Boden. Deine Mutter gibt Dir eine goldene Kugel, und spricht die Worte: „Dies ist das Leben aller Wesen, das Leben Gaias. Das Leben von mir und Dir, das Leben Gottes und Christus Sanandas und das Leben aller und aller Geschöpfe. Ich gebe Dir nun diese Energie. Lasse diese Energie in Dein Wurzelchakra fließen, sodass Du gesund wirst in allem Sein, was Du bist. Dass alles abfließen möge, denn diese Energie ist Nahrung, ist Werden und Auflösen. Von nun an sollst Du geheilt sein von allem Übel, das Dich bedrückt. Ich trage die Energie, denn ich bin die Wurzel, die Mutter, die alles verbirgt, was alles ist und was nicht ist. Dies ist das allumfassende Leben, das ich Dir schenke für Dein Wurzelchakra."

Nun sitzt Dein Vater neben Dir. Er trägt eine grüne Energie. Diese grüne Energie ist ein Schlüssel.

Er sagt: „Dies ist der Schlüssel der Kundalini-Energie. Es ist der Schlüssel des Werdens, der Materie und des Fröhlich seins. Der Schlüssel des nach oben und nach unten Schwingens, zu Deiner inneren Göttin und zu Deinem inneren Gott. Der Schlüssel für die Wahrheit und das Licht des Lebens, für Deinen inneren und äußeren Reichtum. Er ist der Schlüssel für Deinen Intellekt, um alles zu verstehen."

Du nimmst den Schlüssel der Kundalinikraft, der Lebensenergie an. Lasse ihn in Dein Wurzelchakra fließen, damit sich für Dich alles erschließt, was Du in der Materie und im Geist benötigst.

Du bedankst Dich, verneigst Dich vor diesen Eltern. Sie verneigen sich auch vor Dir, verabschieden und bedanken sich.

Du gehst weiter und siehst ein großes Schlüsselloch vor Dir und gehst hindurch. Du weißt, Du benötigst keinen Schlüssel mehr. Du trägst diese Energie in Dir. Du gehst einfach hindurch. Du gehst nach draußen.

Du stehst außerhalb dieses Schlüssellochs und befindest Dich im Universum. Du hast keinen Halt, Du weißt, Du kannst fallen – doch Du fürchtest Dich nicht.

Du denkst an die Energie der Kugel, Du lässt Dich nun in das Leere fallen. Du fällst nicht, denn die Energie und die Luft, sie tragen Dich wie ein Adler. Du schwebst weiter und weiter.

Du siehst eine goldene Hand aus der Schwärze des Himmels ragen, die Dich hält. Die goldene Hand zieht Dich zu sich und Du befindest Dich im Paradies. Derjenige, der nun zu Dir aus der goldenen Energie heraus spricht, ist der Schöpfer, die Wahrheit und das Licht. Es ist Christus Sananda und mit ihm alle Engel gleichzeitig. Er ist Dein höchster Geistführer und Dein höchstes Höheres Selbst. Er ist alles in einem.

Er bittet Dich: „Gib mir Deine Hände, damit ich das Goldene Chi mit Dir bilden kann."

Du bildest mit ihm das Goldene Chi, Du wirst eins mit der Energie Christus Sanandas und verschmilzt mehr und mehr mit ihm.

Öffne Deine Augen, Du hast nun geistig blaue Augen wie Christus Sananda. Du kannst jetzt alles mit seinen Augen sehen, denn Du bist verschmolzen mit Christus Sananda.

Nehme Dir eine Szene aus Deinem Leben und schaue Dir mit seinen Augen diese Szene noch einmal an.

Lasse Dir Zeit und schaue all die Szenen, die nun in Deinen Geist treten mit seinen Augen an – es sind die Augen des allumfassenden Seins und der allumfassenden Liebe. Beurteile und urteile aus den Augen Christus Sanadas die Szene, die Du Dir jetzt herbeiholst. Und wisse, diese Augen zeigen Dir die Wahrheit.

Dein Erzengel Ashrael

SCHWINGUNGSFREQUENZEN

Horrus spricht

Ich bin Horrus, das Göttliche Sein selbst.

Ich will nun versuchen Euch zu erklären, was meine Schwingungsfrequenz ist und was sie bewirkt. Was meine göttliche, lichtvolle Elohimsprache bedeutet und was sie energetisch mit Euch macht.

Ich will versuchen, es in solche Worte zu fassen, die die Menschheit einigermaßen verstehen kann.

Stellt Euch ein kleines Kind vor, das einen Weg entlang geht. Überall sind Bäume, Blumen und Pflanzen, die es jederzeit erkennt. Eine Erkenntnis, für all die Dinge, die ein Kind eines Tages einmal gesehen hat oder immer wieder sehen wird, wieder zu erkennen. Dieses Kind geht aber nun den Weg weiter. Plötzlich kommt eine Tür, durch die dieses Kind hindurch schreitet. Eine andere Welt erwartet es, eine Welt, die es bisher nie vermochte sich vorzustellen. Diese ist von prachtvoller Schönheit, von Schwingungsfrequenzen, von einer unvorstellbaren göttlichen Masse, Energieeinheiten, Pflanzenwelten und Lichtenergien, wie man sie auf der Erde nicht kennt.

Dieses Kind geht auf diesem Weg weiter. Es lernt Pflanzen, Blumen und Heilenergien von Pflanzen kennen, die von unvorstellbarem Wert, wunderbarer Blüte, Schönheit und Kraft sind, wie es sie auf dieser Erde nicht geben kann.

Es nimmt Gerüche wahr, die es nicht kennt, Duftstoffe, die eine hohe Schwingungsfrequenz besitzen, die in unvorstellbarem Maße in Körper, Geist und Seele übergehen. Das Kind geht diesen Weg weiter. Es trifft auf ein Meer – dieses Meer besteht aber aus Energie. Es sieht aus wie ein irdisches Meer. Wenn man aber näher tritt, so besteht es nur aus Klang und Farbe. Es ist das himmlische Wasser. Das himmlische Wasser besteht nur aus Energie, aus Farbfrequenzen, aus Tönen und Klängen.

Jedes Energieteilchen beinhaltet eigene Lichtfrequenzen, eigene Heilenergien und eigene Transformationsprozesse, so dass jedes Teilchen Euch öffnet und Euch in unvorstellbarem Maße in alle Richtungen in die göttliche Einheit hineintransformiert.

Stellt Euch einfach vor, Ihr würdet dieses Meer betreten, Ihr würdet hineingehen, Euch benetzen mit diesem Wasser – mit dem Wasser des Lebens.

Stellt Euch vor, Ihr geht hinein und taucht ein in diese Energiequelle und alles, was darin beinhaltet ist, hat eigene Intelligenz, eigene Schwingungsfrequenz, hohe himmlische göttliche Seins-Energie in unvorstellbarem Maße. Alles göttliche Wissen ist in jedem Element dieses Wassers gespeichert und alle Elemente der Schwingungsfrequenz des reinen Göttlichen sind in diesem Meer verankert.

Jedes einzelne Teilchen enthält eine andere Schwingungsfrequenz, eine andere Farbschwingung, eine andere Tonfrequenz, eine andere Stimmungsfrequenz und dennoch ist alles im Göttlichen.

Wenn ich in Elohim spreche, so nehmt Ihr alles das auf, was in dieser Energie steckt. Es wird alles in Euch bewirken. Es wird Euch öffnen. Es wird Euch erinnern an Euer Sein. Es wird in Eurem Geist Unmögliches möglich machen. All das wird gereinigt werden. Ihr werdet höher und höher schwingen. Es ist so etwas Ähnliches wie Lichtnahrung, doch ist es das Wasser des Lebens.

Mein Sprechen ist Lichtfrequenz – Lichtnahrungsfrequenz – und gleichzeitig taucht Ihr ein in das Wasser des Lebens. Diese Frequenz verändert Euch, Eure Zellen, Eure Chakren, Euer Bewusstsein und lässt Euch nach oben schwingen. Alles, was aus meiner Frequenz kommt, ist Veränderung ins Göttliche hinein. Ein Labsal der Energie, ein Labsal des puren Seins. Nur so kann man es im Irdischen erklären.

Danke
Euer Horrus

Die Zeit, die Gelassenheit und ich

Der menschliche Anteil in mir war nicht von Geburt an auf Geduld und Gelassenheit „programmiert". Ganz im Gegenteil. Durch meinen regen Geist und mein Temperament war ich eher sehr ungehalten gegen mich selbst und andere.

Durch viele äußere und inwendige Läuterungen hatte ich gezielt und meist unfreiwillig die Chance, diese Eigenschaften in mir zu integrieren.

Einige meiner Klienten klagen regelmäßig darüber, dass die angestrebten Veränderungen viel zu langsam gehen und der Erfolg so lange auf sich warten lässt. Andere wiederum erreichen ihr Ziel so schnell, dass sie es kaum glauben können.

Oft werde ich gefragt: „Warum ist das so?"

Natürlich sind noch weit mehr Faktoren zu beachten, aber bleiben wir zunächst bei der Zeit.

In den geistigen Himmeln, bildlich gesprochen, dauert es vom Gedanken bis zum Endprodukt nur Sekunden. Zusätzlich geschehen die Dinge auf vielen Ebenen gleichzeitig. Für unser irdisches Gehirn ist dies noch nicht in seiner Gänze zu erfassen.

Hier auf Erden kennen wir meist nur die lineare Zeit. Also Vergangenheit, Gegenwart und die Zukunft. Zusätzlich sind unsere Gedanken und die Materie hier auf der Erde viel schwerer und umständlicher zu bewegen.

Wenn ich mich lange Zeit in die Geistige Welt zurückgezogen habe und wieder zurückkomme, habe ich das Gefühl, alles geschieht hier in Zeitlupe.

In meinen hohen geistigen Weihungen wurde mir gezeigt, dass es gute Gründe für „unterschiedliche Zeiten" gibt. Noch gilt, dass sich jede hier inkarnierte Seele Aufgaben mitgebracht hat, um Dualität zu erfahren und daran zu wachsen. Wahrhafte Erkenntnisse brauchen oft mehrere Erdenjahre oder gar Jahrzehnte. Der Geistigen Welt kommt dies jedoch nicht so lange vor wie uns.

Als ich noch jünger war, empfand ich diese Tatsache als sehr zäh und beschwerlich. Mittlerweile bin ich sehr glücklich, dass die Welt ihre Zeit hat. Die Erfahrungen aus meinem Leben haben deutlich gezeigt, dass vielen Menschen nach wie vor noch die endgültige Verantwortlichkeit für das Denken fehlt.

Stellt Euch nur einmal vor, Ihr lauft über eine Straße. Jemand anderem gefällt es nicht, wie Sie aussehen und dieser Vernichtungsgedanke trifft Sie bis in die letzte Konsequenz... schauerlich der Gedanke.

Andererseits denkt man liebevollst an sein Kind, das gerade den Führerschein gemacht hat und „materialisiert" umgehend ein passendes Auto.

Bis es soweit ist, müssen die Risiken noch deutlich abgewogen werden.

Meine Lieben, ich, Eure Silvia Kost, möchte mich hier zu Wort melden. Dies war der Beginn. Es folgt Band II des ARKANUM GOTTES. Ich würde mich sehr freuen, wenn wir uns im nächsten Band wieder begegnen, um noch mehr und tiefere Botschaften der Geistigen Welt zu erhalten und um in aller Ruhe lesen und meditieren zu können.

Denn jeder Mensch nimmt auf seine individuelle Art und Weise Geistiges auf. Viele Menschen lieben das geschriebene Wort. Darum freut Euch jetzt schon auf den zweiten Band, der mit Sicherheit noch erhebender und interessanter sein wird.

Und hier will ich noch allen Helfern danken, die es mir ermöglicht haben, dieses Buch der Welt zur Verfügung zu stellen.

Eure Silvia Kost

Aufgestiegene Meisterin Kaligolas, Erzengel Zebaoth,
Göttin Salahai

Meine liebe Leserin,
mein lieber Leser,

es würde mich sehr freuen, Dich weiter auf
Deinem spirituellen Weg zu begleiten.
Um Dich noch mehr zu unterstützen und Dir weiter
hilfreich zur Seite zu stehen, biete ich **CDs**, **Seminare**
und **persönliche Einzelsitzungen** an.
Dies alles findest Du auf meiner Webseite unter
www.silvia-kost.de.
Gerne kannst Du dann einen telefonischen
Termin vereinbaren.

Eure Silvia Kost

Aufgestiegene Meisterin Kaligolas, Erzengel Zebaoth
Göttin Salahai

Rühlinstraße 4 • 75365 Calw
Telefon +49 (0)7051 9686541 • Fax +49 (0)7051 9686542
eMail info@silvia-kost.de